自望自棄

わたしがこうなった88の理由《わけ》

遠藤麻理

発刊に寄せて

「連載やってみない?」

そう遠藤麻理さんに言ったのは、4年前、ある宴席での立ち話の最中でした。

「え、本当に? やりたい! やってみたい! 私、書くの大好きなんです!」

その前のめりな食いつきに、私は驚きました。ご存じかと思いますが、遠藤さんの話し方は基本クールです。しかしその時、自分はいかに書くことが好きかということを延々と熱く語られ、それならばと連載に向け準備を進め、改めて連絡をしたところ、遠藤さんはこう言いました。

「あれ。……ああ。あの話って本当だったんですね」

そんなつかめない遠藤さんと初めて会ったのは、今から9年前のこと。テレビや雑誌といろんなメディア関係者がいる中で、遠藤さんは周囲と「馴れ合わない」感じで妙に目立ちました。

私も初対面では「馴れ合えない」ので、もしかしたら仲よくなれるかもしれないと思ったのですが、基本、遠藤さんは自分からは話さない。いつも隅でひっそりしている。話し掛けても目を見ず静かに微笑むだけで会話が弾まない。これは人見知りさんなのかと思い、距離を置いていた2日後。夕食の席に遅れて現れた遠藤さんは、私が飲んでいたビールを見て目を光らせ、「いいですねビール。私も飲もうかな」と妙に明るく言いました。

そして、そこからです。多少の酒呑みには驚かない私ですが、彼女はすごいスピードでぐいぐい三杯四杯五杯とジョッキを飲み干していく。

「すごいなこの人。どれだけ飲むんだ」

驚きと感心で口を開けて見ていると、目の前にいたもの静かで痩せた女の人は消え、いきなり「ノリのいいねえちゃん」が現れました。豹変です。その夜は異様に盛り上がり、これで仲よくなれたかと思ったら、翌朝には再びよそよそしい人に戻っている。これには非常にワクワクしました。なぜなら、私は変な人がとても好きだからです。この人に何か書かせたらきっと面白いはず。そして、その勘は間違っていなかったと、キャレルの連載も3年を越え、本にまでなった今、あらためて感じている次第です。

時に「そこまで書くか」という捨て身の内容と、締め切りはきっちり守る生真面目さ。何よりぐっと泣かせる文章のうまさと、全ての根底に流れる優しさと少しの「毒」。そんな遠藤さんの文章が、私は大好きなのです。

月刊キャレル編集長　間仁田　眞澄

目次

第4章　遠藤コラム……125

【スタッフコラム】

あとがきに代えて…222

本書は、月刊キャレルに連載されたエッセー「四畳半日記」（２０１４年７月～２０１７年６月）と、ＦＭ ＰＯＲＴのＭＯＲＮＩＮＧ ＧＡＴＥで放送された「遠藤コラム」の中から抜粋し、大幅に加筆修正を加え再構成しました。「私がこうなった88のひとつの話」は書下ろしとなります。なおＦＭ ＰＯＲＴは２０２０年６月30日をもって閉局しましたが、本書の肩書き等は初版発行時のまま掲載しております。

アートディレクション　吉川　賢一郎
デザイナー　関谷　恵理奈
らくがき　どくまんじゅう

第1章　四畳半日記（2014・7〜2015・6）

ことばのことばかり

以前、美容院で「伊東美咲さんみたいにしてください」とお願いしたら「それならびょういん（美容院）でなくびょういん（病院）ですね」と言われ、傷つくよりもその巧い返しに感動したことがありますが、仕事柄、普段耳に入ってくるいろいろな「言葉」が気になります。

例えば洋服を買いに行ったお店で、店員さんが「ごらんくださ〜い」と連呼するのを聞いて、「はい、見てますけど。見る以外に何を？」と思うのは私だけでしょうか。前に「お手に取って」や「鏡に合わせて」が付く場合は分かりますが、「ごらんください」だけを何度も繰り返すのは、「まだ足りない。もっとよくじっくり見ろ」というメッセージなのでしょうか。

また友人や同僚をレジャーや飲み会に誘った時に、こう答える人は

とある街角で見掛けた看板。玄関はともかく、心のカギは開けておいてほしいものです

あなたの周りにいませんか？

「行けたら行く」

……そりゃあそうでしょうね。でもよく考えると失礼だと思いませんか？　行けたら行くって、つまり私の誘いは、何かに負ける可能性があるということですよね？　これから入るかもしれない予定や誰かの誘い、またはあなたの気まぐれに。にもかかわらず、この言葉には妙な説得力があって「忙しいのに誘って申し訳なかったかな」とか「〝行けるけど行かない〟って言われるよりマシか！」なんて気になります。

他人に言われた言葉といえば、以前、ちょっぴり気になっていた男性と街を歩いていたとき。とある人気焼き肉店を見つけた私が、「あ！このお店ここにあったんだ！　一度入ってみたいんだよね～」と言ってみると、彼が「ああ、おいしいよ～。けっこう一人のお客さんもいるから大丈夫だよ！」……って、なにそれ。そこは「じゃあ今度一緒に」という流れが適当でしょう。たとえ社交辞令でも！

さて最後は他でもない私の悲惨な話です。以前ラジオで火事のニュースを伝えた時、「昨夜、木造二階建ての住宅から火が出て……」と書いてある原稿を、よりによって、嗚呼、よりにもよって、「住宅から、へが出て……」と読み間違えたのです。「へ」は、聴いている全ての人の頭の中で、「屁」に変換されたことでしょう。ディレクターは怒りよりも、哀れみの目で見つめており、私の心は全焼でした。

みっともなさが恋しくて

さかりのついた近所の猫の雄叫《おたけ》びが聞こえる四畳半からこんにちは。人間の皆さん、恋してますか？　夏です。

恋は恋でも、過去を振り返って「あれは私にとって本物だった」と思う恋はありますか？

私の友人に、女の子から「表札」付きで告白されたという男性がいます。超ビッグサイズの木の表札には彼の名字が手で彫ってあったと言います。しかも「あれは彫刻刀じゃなくて鑿《のみ》だね」と言っていました。

鑿を片手に好きな男の名を一心不乱に刻む女……。

またある女性は、付き合いたての彼氏から小さな木箱をプレゼントされました。そっと開けてみるとそこには、ふわふわの綿の上に鎮座ましますの「へその緒」が……！

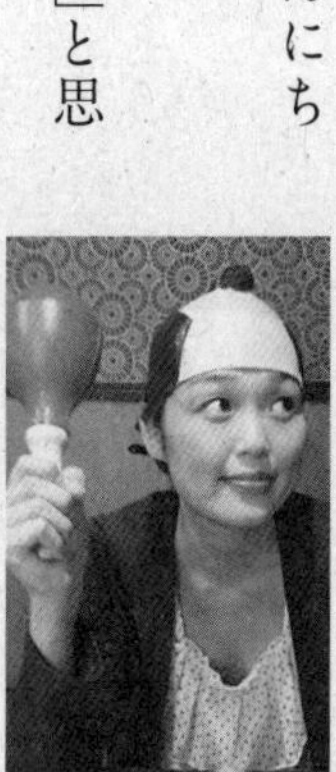

カラオケボックスにて。
意外と似合う髪形発見！

彼女への最上級のプレゼントが、血の色を帯びた変な形の塊「俺のへその緒」だと信じて疑わない男……。

恋をすると周りが見えなくなると言いますが、当の恋の相手すら見えなくなるのかもしれません。

またこんな話も。彼氏の車の中で別れを切り出された彼女はどうしても別れるのが嫌で散々駄々をこねましたが、とうとう車を降ろされました。そこで最終手段に出ます。車の前にあお向けに寝て道を塞《ふさ》ぎ「どうしても行くなら私を轢《ひ》いて行けーー！」と叫んだのです。すると彼はその一本道を、たちまちバックで去って行きました。だんだん遠くなっていくエンジン音を聞きながら寝転んだまま見た星が忘れられません……。

そうです、この女は私です。

私が考える本物の恋は一言で言うと「みっともないもの」であり「狂

気」を孕《はら》んでいます。そのくらいでなくて何が「恋」でしょうか。分別や理性が入り込む隙があるならばそれは恋と見せかけて実は、同情か暇つぶしか何かでしょう。私もいつの間にかすっかり聞き分けが良くなってしまいました。さかり猫にさえ嫉妬しそうなアラフォーの夏です。

ドンチ池

夏といえばビールに枝豆、オメガトライブ、どれも好きですが、中でも私の大好物は「怪談」。幼い頃から会う人会う人に「怖い話聞かせて」とせがみ続けて大きくなりました。

あなたは、新潟市西区に「ドンチ池」という小さな池があるのをご存じでしょうか。ここはいわゆる心霊スポットとして地元では有名で、夜中に赤ん坊の泣き声が聞こえたとか、池の水面を横切っていく女の姿を見たなどという噂があります。

今回はこのドンチ池で私の友人が体験した、とっておきの怪談をご紹介しましょう。

夏も終わりかけたある日。暇を持て余した友人二人は肝試しに行くことにしました。霊園の奥の森の中にぽっかりとあるドンチ池。霊園

友人からチェコ土産のブックマーク。「KOLOS」。日本語読みだとちょっと怖いです

の入り口に辿り着いた頃には、辺りはすっかり夕闇に包まれていました。生ぬるい風が二人の頬をなで、遠くの方から得体の知れない動物の不気味な鳴き声が聞こえます。ただならぬ雰囲気に、来たことを後悔しても引き返そうとは言い出せず、二人は黙って、うっそうと生い茂る草をかき分けて進みました。

するとやがて、森の中に黒い池が姿を現しました。波ひとつなく、辺りは静まり返っていて二人の息遣いしか聞こえません。

そのときです。池の向こうの林の暗闇からかすかに人の声のようなものが聞こえました。二人は驚いて顔を見合わせ、よく耳をすませてみると「おさ……す……」と確かに男がささやくような声が聞こえます。すると続けて「……むちゃ……んで……」と今度ははっきりと、しゃがれた男の声が聞こえたのです。そして次の瞬間、ものすごい早さでその声がこちらに向かってきました。二人はあまりの恐ろしさに声も出せず来た道を無我夢中で引き返しました。後ろからどんどん声が近づいてきます。そしてとうとう、それが何を言っているのか、はっきりと分かったのです。それは!!

「おさむちゃんで〜す」「おさむちゃんで〜す」

そうです！　声の主は「ドンチ池」に出た「ザ・ぼんち」だったのです！

ギャー!!

いかがでしたでしょうか。怖くてもう、池に行けない。なんちゃって。

今回で連載が終了しないことを祈っています。

負け犬の遠吠え

英会話スクールに通う者たちに四畳半から告ぐ。

教室外でむやみやたらに英語を使うのをやめてください！

英語ペラペラ……それは永遠の憧れ。これまで英会話を習得しようと試せることは全て試しました。ラジオやテレビはもちろん、スクールにも通いましたし、担当の番組内に「ＡＢＣから始めよう」という英会話コーナーまで作りました。ＡＢＣから始めてＡＢＣで終わったという伝説のコーナーです。これら全てが無駄でした。


その経験がありますので気持ちは分かるのですが、むやみやたらに日常会話に覚えたてのフレーズを持ち込まれるのは迷惑なんですよ！　勉強をしている者同士なら大いに結構ベリーグッドですが、無差別攻撃は断固反対です。

某ラーメン店軒先の威勢のいい看板。外国に住む知人いわく、日本語だけにある言葉だそうです

私の友人がまさにそうでした。「最近スクールに通い始めたんだ」と言うので「忙しいのに偉いね」と労《ねぎら》うと「サンキュー！」。このくらいは可愛いものでした。それが徐々にエスカレート。例えば「ありがとう」と言ったら、すかさず「ユアウェルカム」と返ってきました。恥ずかしい話ですが、このフレーズが「どう致しまして」という意味であることすら知りませんでした。「ユアウェルカム？……いま私、どこかに招かれた？」。きょと〜んと彼女を見つめたものです。学習を重ねるにつれさらにエスカレートしていき、「ちょっとそれ取って」と言えば「ヒアユーアー」と渡される……。何だって？　ぽか〜んとしていると「はいどうぞ」って。最初から日本語で言え！　ってんです。面白いことがあって報告すれば「ユア　キディング　ライト？」。「冗談でしょう？」という意味ですが、それはこっちの台詞《せりふ》です。「キディング」が「キリング」に聞こえて殺されるのかと思いました。そのうち、外国人を目の前にしたとき日本人がよくする張り付いたような作り笑顔さえ彼女に向けるようになりました。その後めでたく封印されましたが、それはそれは迷惑な日々でした。

さて、私がスクールに通っていたとき、外国人の先生が「アナスイ」と言うので「イエース！ アイノウ！ フェイマスブランド！（知ってる！ 有名なブランドですよね！）」と答えたら日本語で「は？」と返されました。よく聞いたらそれは「オネスティ」のことでした。皆さん、オネスティは、アナスイと発音すると間違いありません。覚えておきましょう。テストに出ます。いや〜英語って本当に怖いものですね。

ごかいにん事件

「もしかして、赤ちゃん？」

初めて入った食堂でハンバーグランチを食べた時のことです。お会計のレジで、女将さんが私のおなかを指差してニッコリと話し掛けてきました。残念ながらただの食べ過ぎです。

見て思ったことをそのまま何でも口にしてしまう天然おじさんが、これと同じことをやらかしたのを以前目の当たりにしたことがあります。ふわりとした服を着たぽっちゃりとした体型の女性に「おっ、おめでたかな？」と話し掛け、即座に「違います」と返された時のあの気まずさ。「ひえ～言っちゃったよ～」と冷や汗をかくのは、おじさん本人よりも周りですよね。皆、そ～っとそっぽを向いたり、用事もないのに「さて」と立ち上がったり。

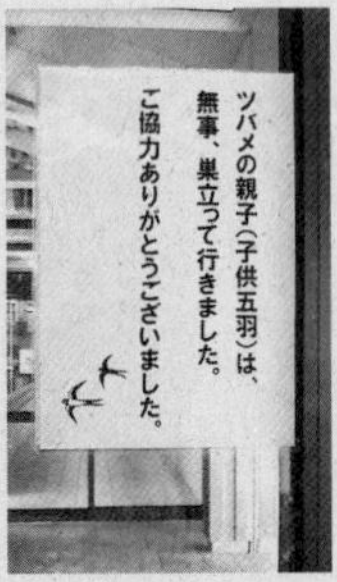
ツバメの親子（子供五羽）は、
無事、巣立って行きました。
ご協力ありがとうございました。

高速道路のパーキングで見掛けた微笑ましい張り紙。子ツバメたち、もう大きくなったでしょうね

私が食堂で女将さんに尋ねられた時も周りには大勢のお客さんがいて、皆の視線が一瞬、下腹部に集まったのを感じました。もしもここで正直に「いいえ」と答えたら、この場の空気はどうなってしまうのだろう。気まずい。みんなが気まずい。気が付くと「はい！　そうなんです！」と元気いっぱい叫んでいました。「そう、おめでとう」と女将さん。そこで話は終わるはずでした。ところが「やっぱりね！　何カ月？」とさらに畳み掛けてきたのです。こうなるとまずいです。どのくらいの期間でどのくらい腹は出るものなのか。これは出産経験のない私には皆目見当もつきません。「えーと何カ月だったかな、さ、3カ月か……4カ月だったかな！」と適当に答えると、女将さんは「うふふ、何となく分・か・る・の・よ！　女の勘で！」とうれしそうでしたが、その勘、外れてますから――！　これぞまさしく誤解妊です。

「ごちそうさまでした」とお店を出ると秋晴れの高い空。おなかにそっと手を当てて、ふと「この先、食べ物以外で膨らむことはないのかもしれないな」と仰いだらちょっぴりセンチになったけど、そんなことよりその晩は、腹筋100回やりました。

時は金なり

早いもので今年もあと一カ月と少し。秋の夜長に、焼いた秋刀魚《さんま》の白いまなこを見つめていてふと「自分に残された時間はあとどのくらいだろう」と考えました。仮にあと40年とすると単純計算で、24（時間）×365（日）×40（年）で35万400時間です。ん～……これは長いのか短いのか……いまいちピンときませんよね。

そこで思い出したのが、以前ラジオで博物館の学芸員の方が話していた「時代を実感する方法」です。例えば糸魚川のヒスイは、約5億年前に地中深い場所でできた岩ですが、5億年前といわれても、ものすごく昔ということは分かってもイメージが湧きにくいですよね。「そんなときは年をお金、つまり円に変えてみてください！」と、その方はおっしゃいました。5億年を5億円に……5億円！ わあすごい！

青森県・恐山入り口の三途川。右下の看板に注目！あの世に行く際も要注意です

見たことも嗅いだこともないけどすごいのは分かる！　このように年を円に変えてみると、例えば縄文時代が始まったのが1万3千年ほど前ですから忘年会会費3回分くらい。5億円に比べたら「縄文さん、一杯行く？」と気軽に誘えそうなくらい身近に感じますね。また今年のNHK大河ドラマ「軍師官兵衛」が生まれたのは約470年前ですからワンコインでお釣りがきます。小さな手に駄賃を握りしめて一緒に駄菓子屋に通ったような親近感を官兵衛に覚えます。

さあ、では冒頭の、残された時間の話に戻りましょう。これに倣《なら》って時間をお金に変えて考えてみます。仮にあと40年とした場合35万と400……円。たった35万円……少ないのです！　では35万円で何ができるだろうとインターネットで調べてみると、東京ドームグラウンド平日日中約2時間貸し切り使用料、モルディブ6泊8日のハネムーン一人分、リムジン送迎付きクリスマス貸切ディナークルージングなど。どれを体験しても「夢のようなあっという間の時間」でしょう。でも35万4000時間だってきっと同じように夢のように過ぎ去ってしまうのだと思うのです。まずは残り少ない2014年を大切に生きようと秋刀魚を突ついてしみじみと。まさに「時は金なり」です。

病室で読むあなたへ

病院のベッドの上でこれを読んでいるあなたへ。ご気分はいかがですか？　窓から見える空、今日はどんな様子でしょう。

私も去年の暮れに初めての入院をして、年末年始はそこで過ごしました。世の中で恐ろしいものランキングの3位以内に「注射」が入っていますので、検査などは生き地獄。注射のための全身麻酔を本気で先生に頼もうと思ったほどです。

大晦日、容赦なく消灯時間に電気は消えて、隣の個室のテレビからかすかに紅白歌合戦が聴こえてきました。その日はいとこが髪を洗ってくれて、友人が体をマッサージしてくれて、同僚が優しいメールをくれて、母がご馳走《ちそう》を持ってきてくれて……。ベッドに横になり目を閉じて、今日誰かが私にしてくれたことを一つ一つ思い出している

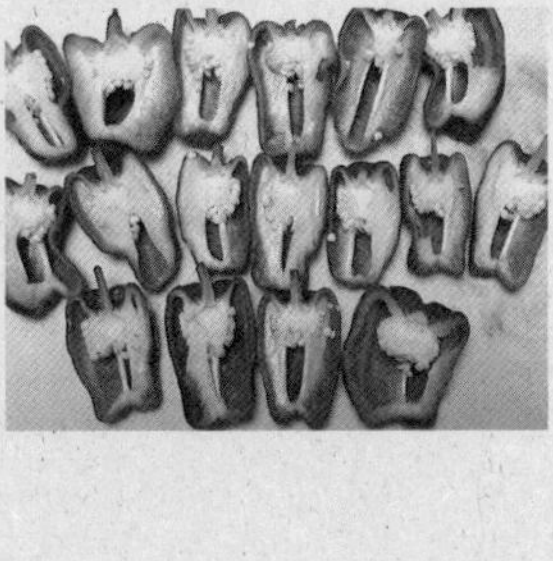

台所から「第九」の合唱が聴こえてきましたよ〜♪

ちにいつの間にか眠ってしまった、そんな幸せな年越しでした。

部屋には他に、とてもすてきなおばあちゃんが二人。時に白熱した二人の農業談義。「移植法」の話は専門用語も飛び交って、苗床か病床かだけの違いで医者と変わらないじゃないか！　と感心しました。二人のおかげでずいぶん笑った入院生活。あなたにも笑顔が多いと良いけれど。

だけどそこではいつも誰かが、カーテンの外に漏れないようにそっとため息をついたり、白い天井を瞬《まばた》きもせず見つめたり、寝返りを何度も打つ間に朝を迎えたりしています。なぜこんなことになったのか、これからどうなってしまうのか、考えてもどうしようもないことで頭がいっぱいになるのでしょう。

同部屋のおばあちゃんが言いました。「どんなに頑張って真面目に生きていても、いいことばかりが起こるわけじゃないんだね。でもそれは仕方のないことだ」。おばあちゃんの言う「仕方がない」は諦めることでも負けることでもありません。受け入れること。「誰の体でもない。自分の体のことだもの」。そう言って笑いました。

そこに行かなければ分からなかったこと、気付けなかったことがあるのなら、出会えなかった人がいるのなら、全てを受け入れるのもまたいいなと思いました。2015年、きっと良い年になります。大丈夫。

そして皆さま、来年もぜひわが四畳半に遊びにきてください。どうぞ良いお年を。

バレンタイン大作戦!!

バレンタインがチョコレート会社の陰謀だなんて言い出す歳から女は枯れ始めるのだと思います。なんだかんだ言って、男性はバレンタインにはチョコが欲しいのです。欲しいとまでは言わなくとも、もらえばきっとうれしいのです。女性の皆さん、年に一度の祭りと思って男性陣を喜ばせてあげようではないですか。

毎年この時期、ラジオ番組の中で「バレンタイン大作戦」と題して、心に届くチョコの渡し方をリスナーに伝授しています。例えば、粉々に打ち砕いた板チョコをラッピングしてこんなメッセージを添えます。「私をめちゃくちゃにして……」。ぐっときますよね。商品名を利用するなら、例えばロッテの洋酒チョコ「バッカス」。添えるのは「あなたのことばっかす(ばっかり)考えてる」。ブルボン「アルフォート」

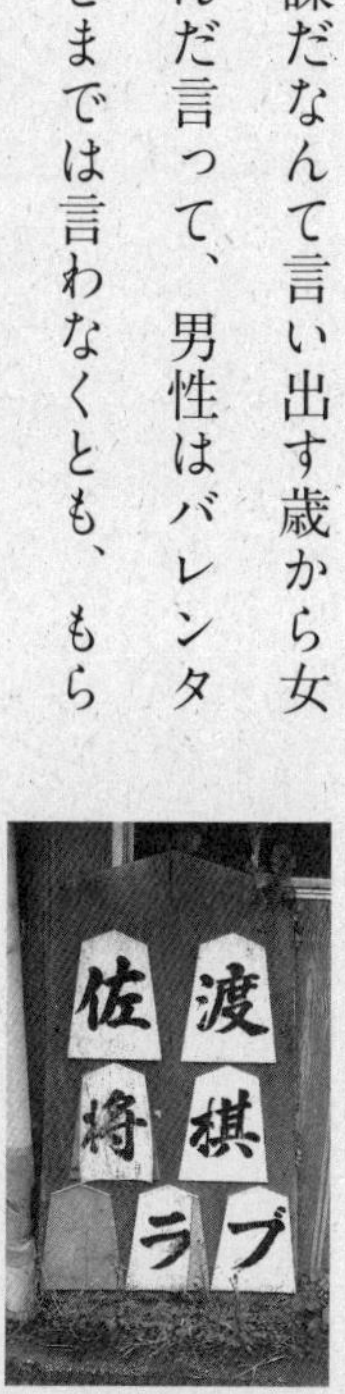

確かに、将棋を愛する皆さんの集まりに間違いはなさそうです

なら「この道を一緒にあるふぉーと（歩こうと）言ってほしい。何があるふぉーと（あろうと）あなたに一生ついていく」とメッセージを添えます。もうお分かりですね。大切なのはチョコとメッセージが織り成すハーモニーなのです。元金はいずれも100円前後。固まっているチョコをわざわざ砕いて溶かしてまた固めるなんて手間もいりません。時間もお金も手間もかからない。早い、安い、巧い！　それが私の大作戦。

二十代の頃、好きだった男性に輪投げマーブルチョコを贈りました。真ん中に穴があいた平べったい円盤にマーブルチョコが散りばめてある、あれです。彼とは時折連絡を取り合う仲でしたが、なかなかそれ以上に進むことができずもどかしい日々を送っていました。そこで、バレンタイン大作戦です。考えた揚げ句、ほとんど食べて2粒か3粒だけ残したものをリボンでかわいくラッピングしました。そこに添えたメッセージは……「あなたの電話を待ちわびた夜の数だけ食べました」。どうですかこのキュートなセンス！　今思い出してもわれながらうっとりします。その後、彼から音沙汰はありませんでした。ほろ苦い思い出です。

やるだけやったら　なる！なる！なる！

高校受験生のみんな、高校はね、落ちたっていいんです。どうってことないです。私は15の春に第一志望校に不合格。それまでも、そろばんの昇級試験に失敗したことはありましたが、それとは全く違う種類の挫折感でした。大げさでなく、私の人生もう終わり、この先良いことひとつもない！　と落ち込みました。学力テストだけでなく、面接試験も受けての不合格だったので、全人格を否定されたような気持ちになり深く傷つきました。仕方なく別に行きたくも何ともない高校に通うことになったわけですが、ここで一生の友達と出会い、将来の夢まで見つけることになるのです。今思います。「あっちの高校、落ちて良かった！」と。だからみんな、大丈夫。結果は結果。その後は自分次第です。

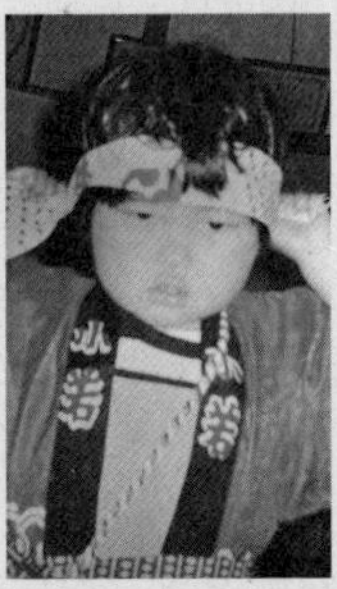

気合いだ！
気合いだ！
気合いだー!!

さて、受験生のご家族の皆さま。お願いです、デーンと構えていてあげてください。彼、彼女らは、期待に応えたいと思っているはずです。自分が合格したいのはもちろんですが、それと同じくらい、合格して家族を喜ばせたいと思っているのです。だからこそ！　普通にしていてください。試験当日の朝、これ見よがしにカツなんか揚げないでください。納豆をいつもの倍混ぜながら「ネバーギブアップだぞ！」なんて励まさないでください。いつも新聞を読みながらそっけなく送り出すお父さん、その日に限って玄関の外まで出てこないでください。

この時期になると、ラジオ放送でみんなで唱える「なるなるの法則」というのがあります。これは、やるだけやったらあとは「なんとかなる・なるようになる・なんとでもなる」という挑戦者のための法則です。まず一番大事なのは、試験が始まる時間に確実に試験会場にいること。準備不足、体調不良だとしても、とにかくそこにいれば、あとはなんとかなるものです。目の前のことに全力で臨んだら、あとはなるようになるものです。そしてたとえ結果が思い通りにいかなかったとしても、自分次第で未来はなんとでもなります。

全て終われば祭りです。受験生よ、頑張れ。

ことばの御守り

まずは本誌2月号のメールボックスにお便りをくださった新潟市のM・Yさん、すてきな投稿をありがとうございました。この連載を「嬉しいけど意外！」と書いてくださいましたが、その意外さの理由が「キャレルは〝善〟というイメージだったから」。……ということは、善とは逆のイメージを私に抱いていると、そういうことで宜しいでしょうか？　光栄です！

他人に言われた忘れられない言葉、強烈な一言、誰にでもあるものですよね。以前何かで見たアンケートで、「今までで最も感動した言葉は何ですか？」と尋ねられた19歳の女性が、彼氏に言われたこんな一言を挙げていました。「はなみずのませろ」……これにはうっとり。皆に通じる「好き」や「愛してる」とは違う、二人だから通じる二人の世

焼き肉店にてつちのこ発見！

界の言葉だからです。

桜の季節になると思い出す言葉があります。20年ほど前、JR弥彦駅で8代目の弥彦観光駅長を務めました。弥彦および新潟を県内外にPRする役割で、全国の観光地から美しいミス○○が集まるイベントにも参加しましたが、そこでは私だけがミステイクでした。それはさておき。その頃はまだ若く、やることなすこと失敗の連続で毎日が自己嫌悪でした。落ち込むと出掛けて行ったのが、駅前の桜並木の坂を上った角にあった、居眠りするおばあちゃんと、まあるい猫が店番をする小さな商店です。その日もうなだれてお店に行き、おばあちゃんを起こさないようにそっと小上がりに腰掛けると、その時初めて桜が満開なことを知りました。「わあ……」と思うと同時にたちまち涙がはらはら落ちて声を殺して泣きました。そんな私に、いつの間に目を覚ましたのか、おばあちゃんが背中からこんな言葉をかけてくれたのです。「お前さんは、幸せの着物を着てなさる。大丈夫だ。おばあちゃんには分かるんだ」。泣き顔を見られたくなくて、素っ気ない態度でお店をあとにしましたが、その言葉は今も、ことあるごとに私を勇気づけ、励ましてくれる大切な御守りです。

今年もまた、新潟に桜の春がやってきます。

甘えん坊将軍

「この甘えん坊！」そんなせりふとともに額を小突かれてみたい……。甘え上手に憧れています。甘え上手な女性たちは甘えることで男性に喜びを与えます。例えば、仕事で荷物を持ってくれるよう頼むとき「けっこう筋肉あるよね。力がありそうだから、持ってくれるとうれしいな」という言い方をします。ポイントは、まず相手のたくましさを褒めて持ち上げるところ。脂肪が筋肉に間違えられた喜びや頼ってくれたうれしさをこんなせりふからは感じるのでしょう。これが私の言い方になると「ねえ、この荷物重いんだけど！　持ってよ！」となります。自分で言うのもなんですが、そんな言い方されたら絶対持ちたくないですよね。「私より力があるんだから持ってくれて当然なんじゃない？」という傲慢《ごうまん》さが丸見え。それどころか「言われる前に

ものすごく大事にされている自販機を見つけました

持てば？」という一応隠している気持ちまでがしっかり顔をのぞかせています。

また甘え上手は、こんなテクニックを使うそうです。「できそうになくても〝できるもんっ！〟と軽く意地を張ってみる」。これなら私にも心当たりがあります。しかし、その後の男性の反応は「じゃあやれ」とか「よし、頑張れよ」と冷たいもので結局自分で全部やりました。その他「酔ったふりをしてもたれかかる」というのも甘え上手のよくやる手。これも過去に経験があり、私の場合はふりではなくけっこう本気で酔っていました。しかも相手は恋人。ところが彼は私を肩で押し戻し、「ここで吐くなよ」とだけ言い放ったのでした。これは一体どういうことなのか……。

思うんですけどね～、甘え上手とか下手の前に、世の中の女性は、甘えるのが許される女と許されない女に分けられるのではないでしょうか。ちなみに私は「甘えられ上手」ではあります。「お金貸して」と頼まれました。振られた元彼に！　貸しちゃいました！　一万円と盗んだ心返せー！（20年前です）

カップはいつも自分の心が決める。まり

「四畳半日記って本にならないの？　まとめて読みたい！」

そんな嬉しいご要望をいただきました！……たった一人の方からですが……。でも「ゴキブリを一匹見つけたら百匹いると思え」という教えもありますし、ひょっとしたら同じように思ってくださる方が他にもいらっしゃるのでは？　と……例えが悪いですね。すみません。

とはいえ、本にするだなんてそのようなこと、分不相応だとは重々承知しております。そもそもこの連載のお話をいただいた時だって「やめておけ。書いたものは残る。お前には荷が重すぎる」と内から呼び掛ける声があったのです。しかし口から飛び出したのは「ぜひ書かせてください！」という言葉でした。

自分にはどう考えても大きすぎる役を任されたり、できるかどうか

とある夏のひとコマ。タイトル「憧れ」

自信が持てないことに直面したりすると、いつも思い出すエピソードがあります。それは、友人と下着を買いに出掛けたときのこと。色もデザインも申し分なく気に入ったブラジャーを見つけたのですが、残念ながらワンサイズ大きいものしかありませんでした。すると店員が、ぴったりのサイズで同じようなデザインの別のブラジャーを勧めてくれたので、少し迷ったものの「ま、いっか」とレジに出そうとしたところ、その一部始終を見ていた友人が言いました。

「気に入ったのにした方がいいよ。大丈夫！　大きいのつけてりゃ大きくなるんだから！」。その言葉の勢いに圧倒されて思わず買ってしまった、ぶっかぶかのブラジャー。ついに胸がカップに追いつくことはありませんでしたが、彼女が言った「大きいのつけてりゃ大きくなる」って、いいじゃないですか。この言葉に、「自分のサイズを決めつけるな」というメッセージを受け取りました。自分にはこのくらいだろうという場所で安穏としていれば、そりゃあ失敗も少なく心地いいでしょうけれど、面白くはないですね。達成感は、少しだけ無理をしたところ、背伸びした場所にあります。自分には大きすぎるんじゃないかと思うくらいの場所こそがきっとちょうどいいのです（ただブラジャーに関しては、ジャストサイズが間違いありません）。

この連載は私にとって叶姉妹並みのカップですが、また一年書かせていただくことになりました。精一杯あがきますので今後とも宜しくお願い申し上げます。

スタッフコラム I

特別な1対1感

「つまんなーい」、「なんかもっとおもしろいやつ」。こちらが提案するコーナー内容に対して彼女から返ってくる言葉は、大概コレだ。遠藤麻理という人間が考える〝おもしろい〟って何だ？ スタッフとして加わって3年半。日々この問題について考えている。というより、考えさせられている。笑い声というのは、たいていどんな人のものであっても、その場の空気をアッパーにするものだと思うが、彼女が発するその笑い声は、とても独特（毒特）だ。一体何がそんなにおかしいのか、呆れることも間々あるが、妙にその笑いに誘われている自分がいる。

ある大物のお笑いタレントさんが、これまたある大御所のお笑い芸人さんを評した言葉で「あの人のすごいところは、『あの人の本当のおもしろさが分かるのは自分だけだな』と、皆に思わせるところ」というのがある。彼女の高らかな、または、さも意味ありげな含み笑いにつられて、こちらも同じように笑ってしまう時、その言葉を浮かべながら、こう思ったりする。「あの人と同じ感覚で笑えているのは俺だけだな」と。そんな特別な「1対1感」を、彼女は多くのリスナーの皆さんと築き上げているのではないだろうか。

遠藤麻理を笑わせたい。実に厄介にして、取り組みがいのある命題だ。

「スタッフW」こと渡辺

スタッフコラムⅡ

遠藤さんは僕が好き

遠藤麻理という人は僕の前で笑わない。というか、常日頃着けているマスクを僕の前で外したこともないので表情が全く分からない。でもそれは僕のことが好きで、マスクは赤らめた頬を隠すための道具だということを僕は知っている。新潟に来てからの半年間、僕に向けられる熱視線に込められた気持ちにとっくに気付いている。

まず、僕につけたあだ名「スタッフ都落ち」。この名前の由来は僕が東京からやってきたから。単純かつなんのひねりもないひどいあだ名だ。

しかし、よく思い出してみよう。小さい頃気になるあの子にちょっかいを出したくなったあの気持ちを。ひどいことを言って意中の人の気を引こうとするあの行為と一緒である。

そしてこの原稿。実は全くOKサインが出ず、これが3度目の修正となる。仕事と直接関係ないものを、なぜ僕にだけこんなにも書き直させるのか。それは、僕とのメールのやり取りを終わらせたくないからだ。なんだかんだと理由をつけて、メールのやり取り、心のキャッチボールがずっと続けばいいと思っているはずだ。そんなことをしなくてもとっくに気付いています。

でも、この場を借りて先に断っておきます。僕、他に好きな子がいます。遠藤さんすみません。

「スタッフ都落ち」こと佐藤諒太郎

第2章　四畳半日記（2015・7〜2016・6）

父の日に

その人との思い出はほんのわずかです。母が離婚をした頃、私は保育園児でした。少し変わった子どもだったようです。見知らぬ家に「ごめんください、迷子になりました」と言って上がりこみ、ごはんやおやつをごちそうになった上、その家の方に自宅まで送ってもらうという、いわゆる「迷子ごっこ」に夢中だったのです。今考えても何がしたかったのかさっぱり分かりませんが、そのような奇行はあったにしろ、おおむね素直で明るい子だったと思います。

その人は夜の割烹《かっぽう》で板前の仕事をしていたので、私が起きて保育園に出掛ける時間にはまだ寝ていましたし、夜は私が寝てから帰宅しました。覚えているのは茶の間で繰り広げられるどんちゃん騒ぎです。仕事が終わった深夜、後輩たちを連れて帰ってきて呑むのですが、そ

ふるさとの大好きな風景です

の時に隣室で寝ている私を起こして膝に乗せるのです。眠いわうるさいわお酒臭いわで泣いて嫌がった私。酒もその人も大嫌いでした。それから40年近く一度も会っていませんが、もしも会えたら言いたい言葉があります。それは……。

「分っかる！」

まず酒はうまい。特に仕事の後に仲間と呑む酒は極上。気に入らないことがあっても酒を呑めばスッキリ。そしてあなたは、あなたなりに私をかわいがってくれていたんだよね、と。

今ならばその人に笑顔でお酌をして愚痴も聞いてあげられます。呑み比べたら恐らく私が勝つでしょう。母は別れる時に養育費を断ったそうですが、それは二人の約束であって、私は入学卒業の節目や成人式にひそかに期待していましたよ。母には内緒でこっそり呼び出されて御祝いという名の現金をもらえるんじゃないかって。もしくは銀行口座にそっと大金が振り込まれているんじゃないかって。しかし一切ありませんでした！

もしかしたら、これをどこかで読んでいるかもしれませんのでこの場を借りて……今からでも送金は遅くありません。そしてお父さん、あなたがいるから、今、私がここにいて、とても幸せな人生です。

きっとだれもがどこか変

先日スーパーで買い物中に知らない子どもと目が合ったので、変な顔をして見せてあげました。するとその子は目を真ん丸くしてタタタと駆けて行き「ママ！　あのお姉さんが……」と言いつけました。嬉しかったです。お姉さんだなんて。

それはさておき、そんな彼女の驚く顔を見て思い出したことがあります。小学生の頃、近所に「エロじさ」と私たちが呼ぶおじいさんがいました。70代か80代で、夏はランニングシャツとステテコといういでたちで自転車にまたがって颯爽《さっそう》とやってきます。そして遊んでいる私たちに言うのです。「ねら、もも太郎くれるっけ来いや（お前たちに、もも太郎アイスをやるからおいで）」。もも太郎をかじりながら見せられたのは子どもには少々刺激の強いアダルトな写真集でした。衝撃で

街で見掛けた看板。そんな言い方あんまりですよ！

した。しかしどこか美しくもあり、ヒジョーに興味深かったのを覚えています。エロじさはその名に恥じぬスケベなじいさんでした。だけど私たちはそんなエロじさのことが嫌いではなかったのです。なぜならいつも元気で笑顔だったし、なんていうか……爽やかなエロだったから！　周りの大人たちも、無視したり仲間はずれにはしませんでした。むしろ一人暮らしのエロじさを気遣って、声を掛けたり家を訪れたり、積極的に関わっていたように思います。

ある時、遊びに行ったエロじさの家の片隅に木刀を見つけました。「これ、何？」と尋ねると「変な人が来たらやっつける棒ら」と言いました。その答えに「一番変なのはあなた、エロじさですよね」と心でつぶやいたことを忘れません。しかし同時にこうも思ったのです。「ん～……でも私も変かも！」

自分では「普通」と思っていても誰かにとっては「変」なこと、気が付いていないだけできっとたくさんあるのでしょう。世の中は、みんな違って、みんな変なのです。他人を認めて受け入れることで、自分も楽になれるような気がします。ちなみに私は今年もアラフォーでビーチでビキニです。「おかしな人」ではありませんので、見掛けても通報しないでください。

廊下の怪談

「四畳半日記」のこの時期恒例となりました（といっても2年目ですが）、ほんとにあった怖い話……！　今年もとっておきの恐怖をあなたにお届けしましょう。

あれは蒸し暑い夜のこと。仕事で帰りが遅くなった私は、日付が変わる頃自宅マンションにたどり着きました。両手いっぱいに荷物を抱えエレベーターの前に立つと、そこには「故障中」の張り紙がしてありました。どっと疲れを感じましたが仕方がありません。部屋のある3階まで階段を上ることにしました。コンクリートの急な段差を踏みしめると、静まり返ったマンションにハイヒールの鈍い音だけが響きます。踊り場で休みながら、ようやく部屋のある3階に着いた頃には息も絶え絶え。あともうひと踏んばりと、重たい足を引きずって廊下を

個性的なかかしです。
夜中に遭遇したら恐ろしいことでしょう

歩き始めた、その時です……天井のほの暗い蛍光灯がチカチカと点滅したかと思うと、まるで金縛りにあったように突然身体が動かなくなりました。額や背中からは大量の汗が一気に噴き出します。「え？ なに？ 何なのこれ⁉」頭が混乱し大声を上げそうになった、その瞬間！……私は気付いてしまったのです。……これは……これは……今まさに〝廊下〟で起こった〝老化〟現象であると‼……ガーン……うなだれて膝を落としました。たった3階までも楽に上れなくなったなんて、恐ろしい～カ・イ・ダ・ンです。

……と、ここまで読んでくださった方、貴重なお時間を申し訳ございませんでした。

ところで、私が勤めるラジオ局の入っているビルのエレベーターで時々不思議な現象が起こります。早朝、3階（FMPORT）に停まっているエレベーターを私が1階で呼ぶと、そのまま降りてこないで、一度上の階まで行くのです。「誰かが上で呼んだんだろうな」と思い、扉から少し離れて到着を待つのですが、1階で扉が開くと、そこには誰の姿もありません。その時間にビルにいるのは番組スタッフくらいで3階から上に行くこともありません。だとしたらなぜ……？　誰が？……。エレベーターの誤作動でしょうか。それとも……。

廃戦日8月15日

これを書いている今日は8月15日土曜日です。実家に帰ると大好物の枝豆と茄子漬けとビールが迎えてくれました。間もなく茶の間で宴会が始まります。うだるような暑さも過ぎ去って、田んぼから涼やかな風が吹き、外では近所の子どもたちが花火の準備でにぎやかです。今こうして大切な人がそばにいて、幸せで穏やかで、だからこそ、70年前の今日、どこで誰とどんな気持ちで人々は「8月15日」を生きたのだろうと想像せずにはいられません。

以前ラジオで、4人のおじいさんをお迎えして戦争体験をお話しいただく番組を制作しました。終戦記念日のこの日、久しぶりに当時の録音をカセットテープで聴いてみました。

そのうちのひとりのおじいさんは、17歳で志願して憲兵となりまし

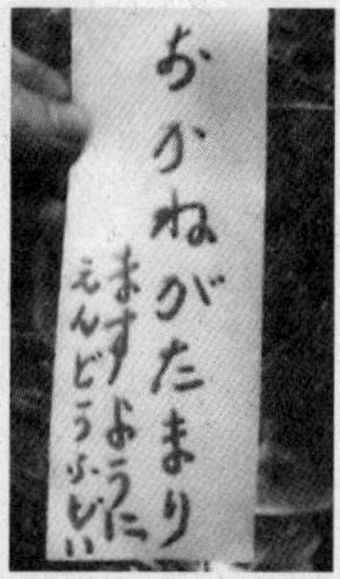

晩年に祖母が書いた七夕の短冊。
この期に及んでと思いましたが
祖母もまた戦後に苦労したのでしょう

た。やがて敗戦。故郷に帰ったその日は、万歳で見送られた日とは一転、皆冷ややかで、その目は「人殺しを見るようだった」と言います。「確かに、人さまには到底言えないようなことをたくさん見たし、自らもやったけれども」と付け加えました。その夜、おじいさんは家に帰らず、川沿いの土手でひとり過ごします。もう死んでやろうかと何度も思ったそうですが、空が白んで夜が明ける頃「ふつふつと、生きてやろうという気持ちが湧いてきた」と言います。そして「死に損ねた命、もうけもんだ。よし、最低10年生きてみよう。何が何でも生き抜いてやろう」と決意して、それからがむしゃらに働いたのだと話してくれました。

『はだしのゲン』の作者、中沢啓治さんもまた、懸命に生きて描《か》いた人です。生前、中沢さんが小学校での講演で語った言葉が忘れられません。「戦争はいきなり起きるんじゃない。戦争を嫌う奴を何が何でも戦争の流れの中に引き込んでいく。その流れの恐ろしさを知ってほしい。戦争を肯定して、原爆を肯定して。そういう風潮が生まれるんだ」。中沢さんはそう語りました。よほど注意深くしていないと、またたく間に巻き込まれてしまう、飲み込まれてしまう〝流れ〟の恐ろしさを、私たち大人は日常の社会の中でよく知っています。

番組の最後、おじいさんが終戦記念日に詠んだという句を披露してくれました。

『戒名の無き友偲ぶ廃戦日』

「廃戦」の言葉に込められたおじいさんの思いを、私たちの世代が受け継いでいかなければと、戦後70年の8月15日、あらためて感じました。

気遣い百景

このところ「恋をするなら年上ブーム」で、20代の女性に人気なのは40代なのだとか。男性はどうだろう？　と思って試しに22歳のスタッフに「何歳までが恋愛対象？」と聞いてみると「28っすね！」と即答でした。別に彼の恋愛の対象になどならなくてもいいですが、間髪入れずに大きくはじかれるとさすがにムッとしますね。気を使って「年齢なんて関係ないっすよ」とか言えないのでしょうか。この一件をそのまま放送で話したら、番組終了後に彼が私の元にやってきました。謝る気かな、でも謝られてもね～と思いながら言葉を待つと「僕、いつでも自分に正直に生きたいんです」って真顔でキミ……。

気遣いといえば、洋服を買った後、品物をレジで渡さずに「お出口までお持ちします」と店員さんが出口までついてくるようになったの

講演に行った際、聴講者が自由気ままに描いてくれた私の似顔絵。気遣いがどこにも…

はいつからでしょうか。「いやいやいやいやいや勘弁してくださいって！30分も迷った揚げ句選んだのがこの4、800円のやっすいシャツ一枚ですよ！　このような丁重な扱いを受ける資格などないケチな女なんですってば！　すみませんです本当に」と、レジから出口まで一緒に歩く間に心の中で恐縮しています。

そして先日のことなのですが、これまでになかった新手の気遣いに出合いました。それは道を歩いていた時のこと。女性の方がビラを配っていて私も受け取ったのですが、その際に満面の笑顔で「お友達に渡してくださ～い」と言うのです。友達に？　何だろう？　と思って見てみると、結婚相談所の案内でした。なるほどね～。その言葉に隠されているのはつまりはこういうことですよね。「いえいえ！　あなたがいい年こいて結婚していなさそうに見えるってわけじゃないんですよ！いかにも幸薄そうでどんよりした表情で歩いているから渡しただなんて、勘違いなさらないでくださいね～。このご案内は、あなたに、ではないのです！ あくまでも、お・と・も・だ・ち・にですから～！」。もしかしたら過去に、普通に「これどうぞ」と渡したら「私、結婚してますけど！」と憤慨した女性がいて、それ以来この会社では〝ビラを渡す時は言い方を工夫しましょう〟なんてマニュアルができたのかもしれませんけれど……そんな気遣いされたら、かえってむなしいわ！

許そう、しかし忘れまい

許すこと……それはとても難しいことです。虫も殺さない温和な私にも20年以上ずっと許せないことがありました。しかし齢を重ねて丸くなったのか、今年めでたく「和解」したのです。今回はそれを記念して、和解文書を掲載することにします。

鳩へ

二十数年前、あれは爽やかな秋晴れの日の真っ昼間。東京は高田馬場の駅前にて、キミの糞《フン》を右頭頂部に受けてからというもの、私はキミを嫌いになった。

人ごみをかき分けて慌てて駆け込んだ公衆トイレ。水をすくう手がもどかしく、蛇口に頭を突き出したよね。右半身をずぶぬれにして必

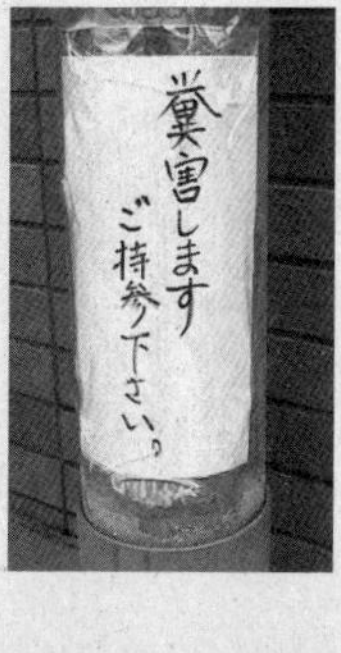

とあるマンションの入り口にて発見。
糞（ふん）害に憤慨…分っかる！

死でこすったけれど、決して取れなかったニオイ。

キミのはとても……単刀直入に言うと、つまり……強烈に臭いんだ。しかもキミのそれは「クリプトコックス症」「ニューカッスル病」「トキソプラズマ症」など、よく分からないけれどいかにも怖そうな、重大な健康被害を引き起こすウイルスを媒介する可能性があるそうじゃないか。ひどいよ。そんなやばいもの、よくも投下してくれたよね。

それでも仕方なく乗った西武新宿線。同じ車両の誰もが口にこそ出さないものの「なんか臭くない？」「このニオイやばくない？」。そんな表情で見てたっけ。いたたまれない気持ちで急行列車を降りて、人の少ない各駅停車に乗り換えた。

その日から街でキミを見掛ける度に、あの日の空、あの日のニオイ、あの日の恥ずかしさがよみがえり、やがてそれは憎しみへと変わったんだ。キミたちが群れていると、わー！と叫びながら突撃したり、脇を通る時、ドンと足を踏み鳴らして脅し、ばたつく姿を見て何度ほくそ笑んだことか。その一方で、またいつ投下されるかもしれないキミの最強の爆弾に怯《おび》え、キミたちを避けて遠回りして帰ったこともあったよなぁ。

だけど鳩よ、私は最近思うのだ。そろそろこの冷戦にピリオドを打つときが来たんじゃないかって。例えばキミの姿を見てはしゃぐ子どもを見掛けた時や、「鳩のつがいは一生添い遂げ、決して浮気はしないのです」と知った時などに、私の心の氷は少しずつ解けていったのかもしれないね。思えば誰もが口ずさむあの童謡〝鳩〟だって、「豆がほしいか、そらやるぞ」だなんてずいぶん上から目線だし。さぞ悔しい思いもしたんじゃないか？　キミを許そう。この同じ地球に生まれた者同士、ハートtoハートでいこうじゃないか。

そうだ鳩よ、二十数年の歳月を経た今、文字通り、糞は水に流そう。仲良くしよう。お前は平和のシンボルなのだから。

ドーンがあるからポーンがくる

占いの類いは、いいことだけ信じるのが正しい接し方だと常々思っていますが、なかなかそうはいかないもので、特におみくじの結果が気になります。たくさんある中から、自分の手で引いて選ぶからでしょうか。

うら若き頃、好きな人と行った彌彦神社の初詣。「二人で一つね！」と仲良く引いたおみくじを、彼がろくに読みもせずそそくさと結ぼうとするので「どうしたの？」とのぞいてみると、恋愛の欄に『良縁ではない』とありました。

今年は東京浅草の浅草寺で引いたのですが、とてもいい内容だったので財布に入れて一年間持ち歩きました。『神仏の加護による幸運の訪れの暗示です。この幸いを得たことが昨日の我が身と比べ信じられ

ぐうの音も出ません

ないでしょう。枯れた木にも花が咲くように、めでたいことが起こりそうです』……なんということでしょう。枯れた木にも花だなんて!!……ところで浅草寺さん、そのめでたさはいつ頃になるのでしょうかね。今年はもうすぐ終わりますけれど。

いつ頃になるのか分からないといえば、安倍晴明神社での占いです。もう10年以上も前のこと。大阪にあるその神社はとにかく当たると評判で連日大混雑。2時間待ってようやく私の番が来ました。呼ばれて部屋に入り名前と生年月日を書くと、しばらくそれをじーっと見つめていた占い師のおじいさんが「ん〜……こりゃドーンときて……ポーンだな」とだけおっしゃいました。なんでもドーンが墜落で、ポーンが弾けるような意味合いで、最悪の後に最高が来るのだそうですが、今、振り返ってみましても、いつがドーンだったのか分かりませんし、ポーンと弾けた記憶もありません。まさかこれからドーンとくるのでしょうか。恐ろしいです。もう歳も歳なのでポーンといかなくていいのでドーンと来ないでほしいです。またその時に「結婚はいつ頃になりそうですか？」ともお尋ねしたのですが、おじいさん占い師の答えは「したければすればいい」でした。「で……ですよね～！」と言って帰ってきましたけれど、つくづくあの占いは何だったのでしょうか。というより、あれは占いだったのでしょうか。

とはいえ考えてみれば、日々はささいなドーンとポーンの繰り返しですよね。ドーンときたら私はこれでもかとため息をつきます。ため息は大きく息を吸い込むための準備。幸せが逃げるなんて言いますが、そうではなく、ポーンをお迎えするためには必要なことなのです。ぜーんぶ吐き出したら、また笑って笑っていきましょう！

最強の年賀状

いい年こいた独身女性の皆さん。子どもや家族、結婚式などの写真が印刷された幸せそうな年賀状に、新年早々打ちのめされませんでしたか。ご無事でしょうか。私には長い年月をかけて鍛え上げた強い鈍感力がありますので、余裕の笑みすら浮かべながら、今年も一枚一枚丁寧に拝見しました。

しかしそんな私でも、過去にたった一度だけ、心がこっぱみじんになった年賀状があります。当時は友人たちが次々と結婚を決めていった時期で、その年賀状も、前の年に結婚した同級生の女友達から届いたものでした。彼女の夫が手作りしたというそれは、はがき一面を4×5の20の枠に分割して、その一枠一枠に写真を掲載した年賀状でした。何が写っているのだろうとよく見ると、南国の風景写真が何枚か

「お前にフォースの力を授けよう」
「ダークサイドに堕ちちゃうよ～」

あり、新婚旅行先で撮ったものだとすぐに分かりました(このうらやましさ小結級)。さらに目を凝らすと、こじゃれたアンティークランプ、ハイカラなクッション、高級げなソファー、おそろいのワイングラスなどの写真があり、新居で新しく買いそろえた物たちだと分かりました。しかもそこにはご丁寧に値段が表示してあります。なぜか$(ドル)で……(うらやましさにイラつきがプラスされ、関脇通り越して大関昇進)。

これで済めばまだ良かったのですが、そのキラキラした20枚の写真の中、隅のほうにひっそりと控えめに、しかし他の何よりも輝きを放った一枚を見つけたのです。それは他でもない、彼女の写真でした。ふっかふかの絨毯の上に部屋着で寝っ転がって雑誌をめくる何気ない日常のひとこま。リラックスして彼に心を委ねているのが伝わってくる幸せな一枚で、トドメとなったのはその写真に添えられた一言です。「ラブ」とか「ハッピー」とか浮かれぽんつくな一言なら、いつものように鼻で笑って終わりにできたのに、そこに書かれていたのは……「プライスレス」……だったのです。ちっきしょー!! なーにーがープライスレスだー!!(その粋な演出に、とうとう横綱朝青龍の誕生)。そしてさらに、ああ何ということでしょう。その年賀状は……その年賀状は……お年玉付きではなかったのです! どうですか、この仕打ち。私にも切手シート当選の夢くらい見させろー! と雄叫《おたけ》びをあげた正月でした。あの年以来、どんな年賀状も楽勝です。

いつか大人になれたなら

毎年、成人の日が来ると考えるのは、人はいつ大人になるのだろうということです。成人を迎えたのはもう随分前ですが、成人式は、前日の同級会で飲み過ぎて二日酔いのため出られませんでした。畳に這いつくばって「無理」とつぶやき力尽きたあの朝の、悪魔を憐れむような母の眼差しが今でも胸に焼き付いています。

２０１６年、各地で成人式が行われた1月10日。私は岩手県陸前高田市にいました。東日本大震災の後、何度か訪れて親しくしている第一中学校仮設住宅。そこに暮らす48歳の千秋さんの娘さんは、一昨年、成人式を迎えました。「うちの娘もね、立派な晴れ着を着せてもらったんだよ」。そう言って見せてくれた写真。鮮やかな深紅の振り袖、襟元に白いショール、髪には薄黄色のランの花を挿し、その腕には、

陸前高田に行ったらコレ！
おすすめのお土産です

高校の制服を着てあどけなく微笑むかわいらしい女の子の遺影がしっかりと抱かれていました。二人は中学時代まで同じバスケットボール部の同級生で、高校が別々になった後もよく遊ぶ仲の良い友達でした。ところが5年前の3月11日、彼女の命をあの津波がのみ込みました。成人式の当日、千秋さんは、娘さんが式場で掲げられるように、彼女の遺影を丁寧に風呂敷に包んで準備を整えていましたが、出掛ける時になって、玄関に立った娘さんがおもむろにその結び目をほどき「ここから一緒に行く」と言って胸に抱いたのだそうです。「あんなに凛《りん》として胸を張った娘、初めて見たよ。後ろ姿も堂々としていてね、その背中を見てたら〝そうだね、二人で行くんだね。約束してたんだね〟って思ったよ」。写真を見つめて、千秋さんは優しくうなずきました。

人はいつ大人になるのでしょう。千秋さんは「震災の後、小さい子も大きい子も、どんなやんちゃな子も、一瞬で大人になった」と話してくれました。寒いとか食べ物がまずいとか不満を言うのは大人ばかりで、子どもたちは何も言わずに与えられたものを受け入れていたといいます。子どもたちはそれぞれに、吐きそうな苦しさをのみ込んで、叫んで狂ってしまいそうな不安を押し殺して、大人になったのではなく、無理矢理大人にならされたのでしょう。本来なら、つらいことや悔しいことを少しずつ経験しながらゆっくり大人になるものを。

私は大人になれただろうか。相変わらず時折畳を這いつくばっているのでまだまだでしょうけれど、いつの日か、誰かと痛みを分かち合える優しい大人になりたいと、二人の写真を眺めながら思ったのです。

ひとりぼっちじゃない証拠

　好きな人にプレゼントしたTシャツをいつの間にか犬小屋の下敷きにされたことがありますか？　恋人の部屋で発見した可愛いシュシュを「それは俺のだ」と言い張られたことはありますか？　どちらも「はい」と即答できる私にも、心温まる思い出のひとつやふたつは……。安心してください。ありますよ！

　高校を卒業して東京の学生寮に入ったあの年の春は、自分で決めた道とはいえ心細い日々でした。夕方になると百円玉をいくつも握りしめて駅の公衆電話まで行き、家にかけようかどうしようか……しばらく迷った揚げ句、受話器を置いてため息をつくということが何度もありました。肩を落としてトボトボ歩いた帰り道の寄る辺なさを今でもよく覚えています。

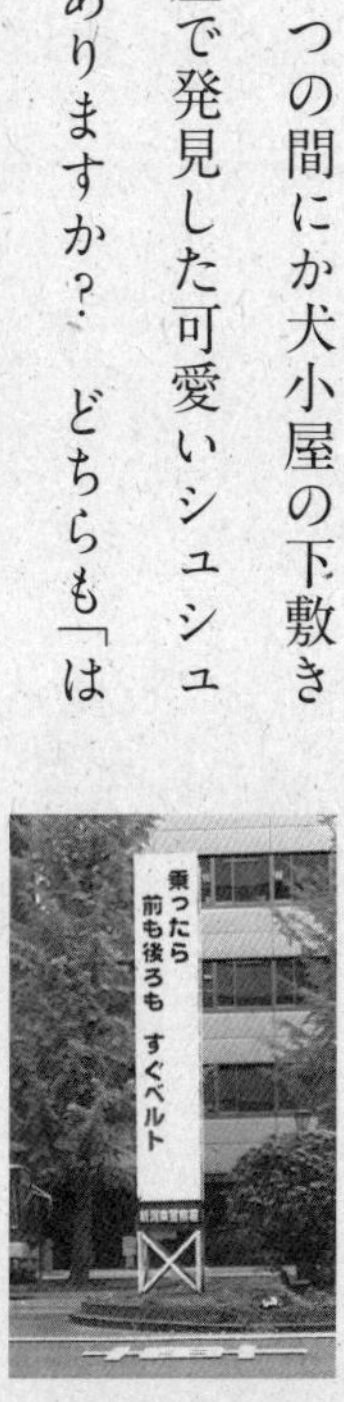

語呂が残念！
見るたびいつもモヤモヤします

ある日のこと、私の元に一通の手紙が届きました。差出人を見ると、地元に暮らす男友達からで、彼とは学校では席が隣でお互いの悪口を言ってふざけ合う仲でした。憎たらしい奴でしたが、いつも一緒に笑っていました。卒業して東京に出ると告げた時は「そうか」とつぶやいただけで、「じゃあな」と別れてそれっきり。そんな彼から思いもかけず届いた手紙は、味も素っ気もない真っ白な角封筒の中に便せんが一枚。開いてみるとそこには「風邪ひくなよ」とだけ書いてありました。ノートだってめったにとらなかった彼が、きっと何度も破って捨てて書いたであろう、たった一言の手紙。机に向かう彼の険しい横顔が見えるようで、思わず吹き出してしまいました。

その時ふと思ったのです。「寂しい」という感情は悪いことではないのかもしれないと。寂しいと感じるのは、温もりの記憶があるからです。好きな人と過ごす時間の幸せを知っているからです。寂しいと感じることこそが、独りぼっちではないという何よりの証拠です。会いたいと思える人が心にいることは、なんて幸せなことでしょう。

この春、家族や友人と離ればなれになるあなた。もしもあなたが、その大切な人と会えなくて寂しいと感じることがあったら、その時はその尊い寂しさを、思う存分、抱きしめてください。

想定しよう　あらゆる悲劇

新一年生が、まだしっくりこないランドセルを担いでぴょこぴょこ跳ねているこの季節。しかし、ラジオの番組には日々、リスナーの皆さんから数々の危険運転目撃情報が届きます。中でも多いのが「〇〇しながら運転している人を見た」という内容です。歌いながらとか、ニヤニヤしながらならいいのですが、危ないのは歯磨きやひげそりなど、朝の仕度系です。茶碗と箸でご飯を食べながら運転している人を見たという報告もありました。私はフルートを吹いている人を目撃したことがあります。そして女性に多いのが、化粧をしながらの運転です。

以前もこんなメールが届きました。「通勤途中、後ろの車の女性が化粧をしながら運転していました。時間が経つにつれ、ルームミラーから見える顔が変わっていくさま、驚きでした。追突しないでね、と

上島似の私にスタッフがくれたのですが…。
こういうのを履いている時に救急搬送されるのもイヤですよね

思いましたが、器用な人がいるんだなあとも」。……こんなこと、私は恐ろしくてできません。化粧中の表情は隙だらけ。特にアイラインを引く時は意識を集中させますけれど、そこでふとわれに返って鏡をのぞいてごらんなさい。口をだらしなく開けたアホ面がそこに映っていますから！　意外と対向車は見ているものですよ。メールをくださった方は、ルームミラーから見ていたというのですから、前の車も侮れません。

でもそれよりも何よりも、もっと恐ろしいことがあります。それは、もしも片方の眉毛だけ描き終えたところで、前の車に追突してしまったら！　です。「あ！　ぶつけた！」。その後はすぐに路肩に車を止めて、相手に謝罪しなければなりません。怪我はなかったか、事故の程度などを確認せねばなりません。それが、片眉だけを描き終わった後だったら、どうするんですか！　もう一方の眉を描く時間も権利ももはやないのです。片方の眉だけ描かれたマヌケ面のまま「大丈夫ですか？　申し訳ございません」と謝罪し続け……やがて警察がやってきます。その顔で状況説明ですよ。どんなに誠実に謝ったって、どんなに神妙な顔をしたって、しょせん「片眉顔」なのです。そんなの生き地獄でしょう！　というわけで、私は運転中に化粧はしないと決めています。

油揚げを買いに

お気に入りの豆腐屋さんがあります。ご夫婦と娘さん、３人家族の小さな商店。ここの長方形の油揚げはしっとり軟らか、味も濃く、一口かじれば気分も上がる、しかも税込み65円！

接客は娘さんの担当です。玄関を入ると作業場があって、大抵そこにお父さんがいるのですが、お父さんにはお願いせず、呼び鈴を押して奥にいる娘さんを呼び出すのが暗黙のルールとなっています。いつも娘さんはなかなか出てきません。１分、２分と待つこともありますが、それはちっとも苦になりません。やがて現れると、天気の話やお愛想などは一切口にせず「いらっしゃいませ」と一言。「油揚げくださ い」「何枚でしょう」「２枚ください」「はい２枚ね」。いつもこれだけ。何度通っても変わらないこのやり取りが好きなのです。私がこだわっ

庭に落ちていました。ウズラの卵ほどの大きさでうっすら青みがかっています。どなたの卵かご存じの方、教えてください

たのは呼び鈴の押し方です。一度だけでは出てこないことが多いと分かったので、2回押すようになりました。そしてたどり着いたのが「ピンポ～ン……………ピンポ～ン」とゆっくり2回、優しく鳴らすこと。一度目は「ごめんください」。二度目は「どうぞ慌てずにおいでくださいの気持ちを込めて。何度も試行錯誤を重ね、ようやく納得できるピンポンの間合いを見つけたのです。

ところが先日のこと。お店に入るとすぐそこにお父さんがいたので、これはさすがにお父さんが売るだろうと思ってお願いすると「ちょっと待ってね」と言うが早いか呼び鈴をものすごい速さで押しまくったのです！　ピンポンピンポンピンポンピンポンピンポン…あー！　やめてー！　お父さんの指をつかんで折りたくなりました。だってそんな押し方したら「早く！　何やってんの！　遅いよ！」って娘さんを急かしているみたいじゃないですか。しかもお父さん、押したらとっとと作業場に引っ込んでしまったのです。その場にポツンと残された私。娘さんが出てきたらどう思うだろう。あの高速連打は当然私と思うだろう。「あれはあなたのお父さんのしわざです」とわざわざ伝えるのもおかしな話です。観念して待ちました。するとそこに現れた娘さん、訝《いぶか》しい目で私を見るわけでなく、「お待たせしました」と言うわけでもなく、いつもと変わらない調子で「いらっしゃいませ」と一言。

軽くあぶって葱を乗せ、しょうゆをちょっとたらしていただいた油揚げ。その日もやっぱりおいしかったです。

スタッフコラムⅢ

お札のお清め

モーニングゲートのスタッフモコナです。

なぜ僕がモコナと呼ばれるようになったのか。もちろん名付け親は麻理さんです。打ち合わせ中、僕がモナコ公国を説明する際「モコナが…モコナが…」と何度も言い間違えたことで「スタッフモコナ」と命名されました。

ちなみに僕は、この間も「マラトンの戦い」を「マントラの戦い」、爆風スランプの「パッパラー河合」さんを「パラッパー河合」さんと読み間違えました。カタカナ表記が苦手なのです。

そんな意地悪な麻理さんと一緒にお仕事をするきっかけとなったモーニングゲート。仕事初日、生放送中に言われたのが「新人スタッフがものすごく遠くから私にメールを手渡すんですが、私どうやら怖がられているようです」という言葉。今でこそ言えますが、その通りでした！　それからは、ビビリな僕が打ち解けられるように、「あめ玉ちょーだい！」、「お煎餅がいい！」、「ガムはヤダ！」と自由奔放な指令命令の雨あられ。それに応えているうちに、おかげさまで距離も縮まり、今ではすっかり「出たな！　妖怪あめくれババア！」と切り返すまでに成長しました。

さて、モーニングゲートといえば「お札」ですが、新しいものを制作するたび、スタッフは体を張り、滝行、火渡り、裸押し合いなど、多くのお清めを行ってきました。寒さ、熱さ、痛さに歯を食いしばり、耐えながら清め終わって振り返ると、そこには腕組みをして仁王立ち、高笑いをする遠藤麻理の姿が。この場を借りて言わせていただきます。麻理さん、次回からはご自身の身を削ってお清めをお願いします。

何はともあれ、リスナーの皆さま、今後とも奇想天外モーニングゲートをよろしくお願い致します。

「スタッフモコナ」こと塚田瑞仁

スタッフコラムⅣ

無理難題

仕事中に突然、麻理さんから世にも恐ろしいメールが…。

そこには「親愛なる皆さま　ご存じの通り、この度執念が実を結び、書籍出版の運びとなりました。つきましては、皆さまにお願いです。原稿を一本書いていただけないでしょうか。内容は、モーニングゲートの裏話や、遠藤のいいところ、遠藤のステキな一面、遠藤の優しさ、遠藤のキュートな一面など、何でも構いません」。

無理難題とはこのことだろう。でも何としてでもやらねばならない。なぜなら、書けなければもっと恐ろしいことが待っているから。ビクビクしながら書かせていただきます。

と、いきなり怖そうな遠藤麻理を演出しましたが、そんなことはありません。オンエア中の麻理さん、オンエア後の麻理さん…全く変わりません。そこが魅力的で好きなところです。そして彼女は飲み会以外ではいつもスッピン。これがいろいろな意味で本当にすごいと思います。でもだからこそ自然体で、日常のそれこそ四畳半の範囲で自身が活動していることを、ありのまま面白おかしく話せるのかもしれません。見ていないようで仕事内容を見ており、時々アドバイスをくれる麻理さん。上下関係なく面白い企画なら取り入れてくれる麻理さん。お酒を飲んだ時にしか褒めてくれない麻理さん。麻理さんが笑っている、麻理さんを笑わせる時が何より幸せだと感じる時も…。

と、ここまで書いて、自分もリスナーの1人であり、ただのファンなのかもしれないと思ったり。

今後もモーゲースタッフとして、遠藤麻理を近くで見られるように精進したいです。

「スタッフチャラ男」こと大島卓

第3章　四畳半日記（2016・7〜2017・6）

いじきたなくてかたじけない

許せないこと。それは、飲み会でグラスが空になることです。持ち寄りの女子会でも、他人の分はさておき、自分が呑む分だけは、足りなくなることがないようにしっかり持って出掛けます。

以前、10人ほどでバーベキューをしたとき、飲み物担当のぽんつくが、350ml缶ビールをたった20本しか用意しませんでした。バーベキューするのに一人2本計算だなんてあり得ません！　その本数を誰よりも早く確認した私は、自らビール配分係になりました。「一人2本ずつ」という取り決めがないのをいいことに、人が1本開ける間に2本のペースで呑み、呑み終えた者が「もう1本ちょうだい」と言うと「もうないみたい」と嘘をついてまで自分だけはきっちり呑みました。

いいえ、嘘ではないのです。「私の分はあるけれど、あなたの分はも

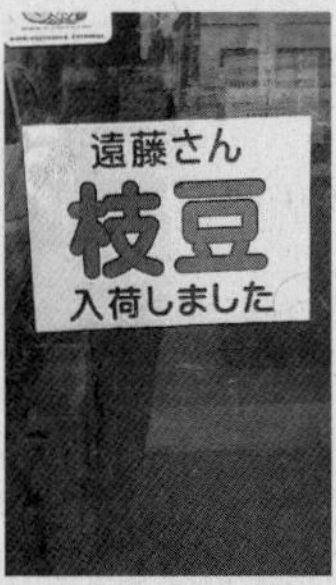

野菜直売所の入り口で呼びかけられて2袋購入

うない」という意味なのだから……と、ここまで書いてさすがに恥ずかしいです。チンパンジーでさえ公平性があるというのに、人間である私ときたら……酒のこととなるとたちまち理性を失うのです。

執着したり、独り占めしようとしたり。そんな人間の姿は何に対しても美しいものではありませんが、中でも食べ物のこととなると、美しくない、などと遠回しな言葉ではなくズバリ、醜い！　ですよね。例えばスーパーで、同じ値段で売っているパック入りの肉の色を執拗《しつよう》に見比べたり、枚数を数えたり……。例えば食事代が経費で落ちると知るや否や、本当は500円の山菜蕎麦が食べたいけど、それより350円高い越後もち豚トンカツ定食をここで食べなきゃ損する！と、そちらを選んでみたり……。

私は憧れます。個別売りのジャガイモの山の前で立ち止まらず、どれでも同じだからといった風情で、通りすがりにスッと一つを取って買い物かごに入れる人に……。一つ一つ丁寧に見て、少しでも大きいものを芋の山からほじくり出すなんて、さもしいですよね。

私は憧れます。ソフトクリーム売り場で、ミルク一色、またはチョコレート一色だけをオーダーする人に……。断然ミックスです。味が好きというよりも、同じ値段なら二つ味わわなければ損だと感じるからです。

この夏は、チンパンジーに少しでも追いつけるよう精進します。

マーリーの法則

「マーフィーの法則」をご存じでしょうか。「落としたトーストがバターを塗った面を下にして着地する確率は、カーペットの値段に比例する」といったように、皮肉な経験則を、法則としてユーモラスにまとめたものです。これにならって私もマーフィーならぬ『マーリーの法則』を書きためています。今回は趣向を変えまして、その一部を披露します。

《男と女編》

1、合コンでGO！婚になる確率は極めて低い

2、一回だけ……という約束が守られる確率も極めて低い

3、あの人とどうしても別れられない理由の一つは、便利すぎるから

4、遠くの彼氏より近くの元彼

よくできた似顔絵はいつもどこかがちょっと失礼

5、本と男は似ている。一生のものにもなるし、鍋敷きにもなる

《日常編》

1、濡れた足拭きマットはみんなが不快

2、自家用車の車内の汚さと部屋の散らかり具合は比例する

3、自転車を片手運転するとき、ハンドルを握るのは利き手と逆の手

4、電車やタクシー内では親しくない間柄ほどよく会話する

《心理編》

1、人間は考えれば解決することは先送りして、考えても仕方のないことばかりにとらわれる

2、「これ」があるから「あれ」ができないと言う人は、たとえ「これ」がなくなっても「あれ」はやらない

3、悪口を言いたくなる人のどこかに、憧れが隠れている

《アルコール編》

1、呑んだ翌日、小銭が増えている

2、酔うと饒舌になる人に悪い人はいない。酔わないと饒舌になれない人に、もっと悪い人はいない

《つぶやき編》

1、人は大きくなるほど小さくなるもんだなあ

2、「ふくよか」と「よくふか」は無関係ではないような……じっと腹を見る

3、本当に大切なことは、ネット検索しても出てこないことだよ（『星の王子さま』のキツネ風に）

あなたの見つけた法則も、ぜひ四畳半までお寄せください。

この素晴らしき世界

初めてニューヨークへ行ってきました。久しぶりの海外旅行なので治安が不安で、パスポートを入れる盗難防止用ポケットを、パンツに縫い付けようかと本気で考えたほどです。

どこが良かったかと聞かれて挙げればきりがありませんが、いつかまたここに来たいと思わせたのは、地下鉄やバスの中での出会いでした。

街ではあらゆる人種の人が、好きな色の好きな髪形で思い思いの服を着て、歌を口ずさんだり独り言をつぶやいたり、自由気ままです。他人がどんな格好で何をしていようと気にしません。だけどそんな人たちが、地下鉄やバス、エレベーターなど同じ空間に身を置くと当たり前に関わるのです。朝に乗ったバスの運転手は歌うように次の行き先を告げ、ジョークを言っては乗客を笑わせます。降りる時には「良

地下鉄のホームにて。演奏者のお二人、良すぎてちょっと泣きました

い一日を」と声を掛け合います。見知らぬ乗客同士のお喋りも当然のようでした。私も後ろの席に座っていた白髪のおしゃれなおばあちゃんに「どこから来たの?」と話し掛けられました。おばあちゃんは車窓から見える建物を指差して「あれが音楽院、あれが図書館よ」と教えてくれて、別れ際には「楽しんで。そしてまたニューヨークに帰ってきてね」と手を振りました。日本人が得意なフレーズ「おもてなし」は、まさにおばあちゃんがしてくれたことを言うのであって、特別な人が特別な機会をわざわざ設けてすることではないのだと気付きました。

もうひとつ。帰りの空港に向かう地下鉄の中でのこと。一人の黒人青年がおぼつかない足取りで隣の車両から入ってくると車内のゴミ拾いを始めました。といっても、集めたそのゴミは、車両と車両の連結部分に投げ捨てます。「あなたたちのいるこの車両をきれいにした」と乗客にアピールしてチップをもらうのです。彼にせがまれてチップを渡したのは、衣類が詰まった大きなビニール袋を引きずって乗ってきた黒人女性でした。彼女が差し出した何枚かのコインを受け取った青年は私の正面に腰掛けたのですが、しばらくすると、先ほどの女性が彼の前にやってきて、おもむろに彼の両手を取ると何やら語り始めました。お祈りの言葉だったのでしょうか。最後に「ジーザス」と言って彼を抱きしめたのです。黙って目をつむって聞いていた青年は、全てが終わると彼女を見上げました。いたずら少年のようなあどけない眼差しでした。

ニューヨークの街では、あらゆる場所に音楽があふれています。地下鉄のホームで聴いたルイ・アームストロングの「What a Wonderful World」。そのトランペットは、その曲をそこで奏でるために生まれてきたような音でした。

あの夏の日のプールへもう一度

リオデジャネイロオリンピック観戦で加齢を実感しました。とにかく涙が出るのです。私の場合は特に卓球・福原&レスリング・吉田に涙腺崩壊でしたね。昔はこんなに泣かなかったのにどうしてだろうと考えてみると、歳とともにいろいろな経験を重ねたからかもしれません。もっとやれたのにという悔しさや、支えてもらった感謝の気持ち。選手の姿の中にいつかの自分を見つけたときに、きっと涙は出たのでしょう。

今回のオリンピックを見ていて思い出したことがありました。中学生の頃のプールの授業です。25mプールをクロールで泳いでいたあの夏の日。息継ぎをしようと顔を横に上げると、プールサイドに、慌てふためいた表情で駆け寄ってくる先生の姿が見えました。「おい！

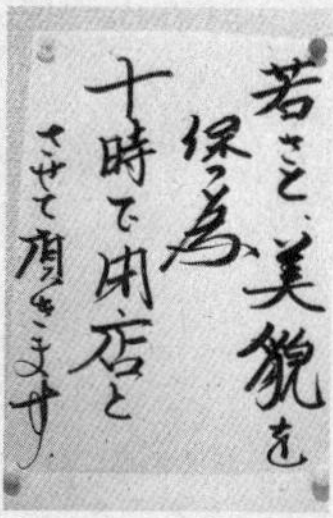

某居酒屋で見つけた張り紙。大事なことだと思います！　賛成！

遠藤！　大丈夫か！」と呼びかけられて泳ぐのをやめて足を底に着くと、先生はほっとした様子でこう言いました。「溺れてるのかと思った」。息継ぎのフォームが無様かつ必死の形相だったからでしょう。その一言に思春期の私は傷ついて、そこから泳ぐことをやめてプールサイドに上がりました。もう恥はかきたくないと思ってやめたのです。あの時のちりちりと刺すような熱さが足の裏によみがえります。

今回、選手たちを見ていて思ったのは、どんなに苦境に立たされても最後まで諦めずにやり切ること、闘い抜くことの大切さです。結果はその次です。あの日の私もきっとそうだった。上手に息継ぎなんかできなくてもよかった。どんなにかっこ悪くても、自分なりに精一杯、堂々と泳ぎ切りさえすればよかったのです。あの夏から30年近くたった今になってようやくそれに気付けたような気がします。

思えば、あの時のクロールのようなことがこれまでの人生にもたくさんあります。他人の目を気にしたり、誰かのせいにして言い訳したり、思い通りにならなくていじけたり、どうせダメだろうと諦めたり……。だけど今からでも遅くありませんよね。いつからだってどこからだって、また始められます。よし、次は私の番！……な〜んて柄にもないことを思わせるオリンピックって、やっぱりすごいなあ。

孫の手考

『孫の手』。先が小さな手のように丸まっている、背中を掻《か》くときの道具ですが、そのネーミングは適切なのかどうかで悩んできました。そもそも、実際に本物の孫に掻いてもらったとして本当に気持ちがいいのでしょうか。「孫に背中を掻いてもらっている」というほのぼのとした雰囲気で押し切ろうとしている感じがします。

「おい、太郎や、じいちゃんの背中ちと掻いてくれや」「いいよ！　ここ？」「おー、そこそこ！　や〜、気持ちいい。太郎は心の優しいいい子らなぁ」……孫の手。小さな思いやりの手……そんな安易な発想から生まれたネーミングに違いありません。使っても十分に満足が得られない上に、長いこと工夫改善が見られないあの道具。最高の気持ち良さを追求せずに、生ぬるいネーミングでごまかしてる！　と腹が

孫の手でこんなことやあんなこと

立ちます。と思って調べてみたら、その道具はもともと『麻姑《まこ》の手』という名前だったそうです。麻姑は鳥のように爪の長い、中国の伝説上の美しい仙女です。その麻姑が日本に伝わっていつしか孫になったというわけです。

さて、それが分かったところで、いよいよ本題に入ります。いかがでしょうか、ここ新潟の地で、本当に使い心地のいい麻姑の手を開発し、世界へ発信してみるというのは。商品名はもちろん、麻姑に対抗して、新潟にちなんだ人物の名前を当てます。例えば『奴奈川姫《ぬなかわひめ》の手』。ヒスイで知られる糸魚川の姫。その美しさを聞きつけて、出雲の国から大国主命《おおくにぬしのみこと》がはるばる求婚に訪れたといわれています。また胎内の女武将『板額御前《はんがくごぜん》の手』はいかがでしょう。鎌倉時代、幕府軍を相手に戦った弓の名手で、強いだけでなくたいそう美しい女性だったとも伝えられています。ただ、背中を掻かせる道具に姫の名前をつけるなんてとんでもないというお怒りの声も出そうです。

では、誰の手かはひとまず置いておき、商品名のインパクトのみにこだわって考えてみます。新潟らしさは必須なので、新潟弁を使って『背かき棒　そこらて』というのはどうでしょう。または長岡弁の『そーいがーて』もいいかもしれませんね。語呂も良くキャッチーな、かゆいところに手が届くネーミングです。企業の皆さん、このアイデア、どうぞ遠慮なく使ってください。早い者勝ちですから、まごまごしないでね。

忘年会　みんなで呑めば　怖くない

早いもので、忘年会のシーズンですね。そこで今回は、お酒の席で困ること〜！　パフパフパフ〜。まず「吐く」が挙がると思いますが、これは私は大目に見ます。たまにはいいじゃないですか。「そんなになるまで呑まなきゃいいのに」というのは、そんなになるまで呑んだことのない人の言うこと。緊張したり、気を使ったり、思ったより体調が良くなかったり、ついついだったり、ありますよ。それが人間じゃないですか。そんな時は吐きますよ、ええ。誰だって吐こうと思って呑まないんです。ただ、それをやらかす場所はわきまえてほしいですね。

そんなことより困るのは、全部覚えてて、全部本気にすること。飲み会の席での話は、飲み会の席での話なんです。好きも嫌いも辞めるもやる気も。それを「あの時、そう言ったじゃないですか」ってしらふ

二日酔いの日はこんな感じです

の時に持ち出すのはやめてほしいです。忘れてください。

次に、手酌をするとものすごく申し訳ながること。瓶ビールやお銚子が並ぶ席。だいたい、グラスやお猪口はなぜあんなにちっちゃいんでしょうか。すぐになくなるんですよ！　円卓でポツンと独り残されて、手持ち無沙汰にうっかりビールを飲み干して……私にはよくあることです。コップが空になったことに誰も気付かないので、そぉ〜っと瓶を持って自分で注ごうとしたその時！「あーすみません、すみません」と大慌てで私から瓶を取り上げ、やでもか注いでくれる隣席の人。どうして気付いたの！　その瞬間、ビクッとします。「あ、いいんです。私、家でもいつも手酌ですから」と遠慮しても、「まあまあ、そう言わないで。いやいや気が付かなくてすみません。すみません」と注いでくれてすっかり恐縮してしまいます。放っておくか、ちゃんと見ていてくれるか、どちらかにしてほしいです。

最後に、ラジオの人だからって面白い話を期待されること。例えば旅行に行った話。「温泉が気持ちよかったです～」では許されません。「へぇ～」とは聞いてくれますが、顔が「で？」って求めているのです。「で？　なに？　いつオチ？」と。ある時も、「この間、ラジオで言ってましたよね。夜、露天風呂に入ったら水に近いほどぬるかった。その時は分からなかったけど、翌朝行ってみたら、それは風呂ではなく池で、カエルの死骸がいっぱい浮いていたって。あの話、面白かったな～。他にどんな風呂がありました？」と尋ねられました。そんなことはまれなんです。たいがい普通の宿で普通の風呂で普通の料理です。何も求めないでください。

そんなわけですので、どこかでご一緒する機会がありましたら、そのところどうぞよろしくお願い申し上げます。

私がインフルエンザにかからないワケ

インフルエンザの予防接種を受けずにここ何年も乗り切っています。

数年前に富士山に登ったとき、下り早々の9合目でまさかの転倒。膝をぶつけた岩がスカートの下のスパッツ（今はレギンスと呼ぶらしいですね）を切り裂き、肉までをも深くえぐりました。おとなしくズボンを履いて行けばよかったのです。「山姥の域に足を突っ込んでるくせに山ガールなんて気取るから！」と自分を呪ったものです。負ぶわれて五合目の診療所へ。傷口を見た医師は即座に「縫いましょう」と言いました。私は問いました。「どうしても、ですか？」「はい」ときっぱり。「絶対に、ですか？」ともう一度。「え？　はい、縫いますよ」と不思議そうな顔。彼は知らないのです。「縫う」というそのことに私がどれだけの恐怖心を抱いているかを。私は何が嫌いって、注射および

これがまさにその瞬間です。縫われるかもしれない恐怖で痛さをまったく感じませんでした

針が大っ嫌いなんです！　たった一度刺されるのだって嫌なのに、縫うって一体針が何回、肉を行き来するのでしょうか。入って出て、入って出て、ひゃ〜!!　「麻酔をするじゃないですか」と、あなたは言うでしょう。では麻酔に何を使いますか？　注射じゃないですか！　ところがそこで奇跡が起きました。医師が「でも、これから下山するんですよね。縫っても傷口が開くかもしれないなあ。ひとまず救急テープを貼っておきますので、下りてから縫ってもらってください」。生き延びたのです。しかし本当の勝負はここからです。下山後すぐに連行された救急センターで私は命がけで訴えました。「先生、見てください。診療所で完璧に消毒してもらいました。その後このテープを貼ってもらったんですけどね、きれ〜いにふさがってますでしょ。これをわざわざはがして縫うなんておかしな話ですよね！」。すると傷口をじっと見ていた先生が「ん〜」としばらく悩んで「そんな気もするなあ。様子を見てもいいかもしれんなー」と一言。そこでさらにひと押し！「ですよね！　だって痛くないですし、血も止まってるんですから！」。すると今度は深く頷いて「じゃあそうしましょう」とおっしゃいました。

バンザーイ！　はっきり言って富士登頂の瞬間より感動しました。ところが「ただし」と続けられた言葉に私は戦慄します。「もしも化膿したり腫れたりしたら、すぐに病院に行ってください。そのときは、もう一度傷口を開いて、消毒をして、そして縫うことになります」。なんと恐ろしいことでしょう。死んでもそんなことにはなりたくないので、全勢力を膝に注ぎ、努力と根性と気合いで自力で完治させました。

そんなことがあってから、私は自分の体の力を信じているのです。予防接種など打たなくたって『うがい手洗いマスクに睡眠、おいしく食べてよく笑う』。自ら編み出したこの合い言葉を実践し、今シーズンもインフルエンザには意地でもかかりません。

重いコンダラ

「その思い込み、古すぎるでしょ！」と突っ込みたくなること、ありますよね。以前週刊誌で読んだ、40代半ばの女性アナウンサーの話題。知的で朗らか、温かみのある雰囲気を持つ彼女は未婚です。その彼女について、同じ局の男性社員がこのようにコメントをしていました。

「○○アナは、ベテラン中のベテランなのに、誰に対してもまったく偉ぶらない。なのにいまだに独身なのは、もはや局の七不思議の一つと言われています（笑）」。つまり「いい人なのになぜ結婚できないんだろう」ってことですよね。ひっくり返せば「結婚していない人には何か致命的な欠点があるはずだ」ということですよね。では、既婚が人格者の証しとでも言いたいのでしょうか。独身者は皆、結婚したいけどできない人だとでも言うのでしょうか。すっとこどっこいですよ！

街でよく見掛けるハボタン。キャベツそっくりなので、おいしく食べられるものだと思い込んでいました

と言いつつ、実は私も……。先日、喫茶店で本を読んでいると、近くの席におじいさんが二人座りました。

一人はおしゃれなネルシャツにジーンズ、もう一人はシャツに紐タイ、スラックスといったいでたちで、二人とも両手にたくさんの資料を抱えています。話し始めた二人の会話にそれとなく耳を傾けると、ハウステンボスや眼鏡橋といった観光スポットの名称が聞こえてきて、グループで長崎へ旅行に出掛けるのだと分かりました。途中、誰かに電話をかけて「何時にチェックインですか？」なんて聞いたりしています。「楽しみで仕方ないんだよね、かわいい……くすくす」と思いながらそっと表情をうかがうと、そのおじいさんが手にしていたのはスマホでした。しかもｉＰｈｏｎｅ。え？　ラクラクフォンじゃないの⁉

二人の話は徐々に具体的なことへ。やがて聞こえてきたのが「ウエルカムパーティー」という単語です。二人は、現地でパーティーに招かれているようなのです。しかも話の筋から、普段着での気楽なパーティーではなく、正装をしての晩餐会のようなイメージです。え？　皿うどんが出るようなほのぼの歓迎会じゃないの⁉

さらに驚くべきはその旅行日程です。てっきり1泊2日かと思ったら、4泊5日だっていうじゃないですか。じいちゃんたちの旅行といったら、年金をやりくりしての、つつましやかな温泉旅行じゃないんですか？　道中は可愛い孫の話に花を咲かせ、これが最後の冥土の土産だとかみしめながら出掛けるのではないのですか？

違うんですね〜。それらは完全に私が勝手に思い描いているイメージなのです。独身だから、高齢だからと何でもひとくくりにして決めつけてしまうのは愚かなことなのです。

思い込み、勘違いといえば、私は「生乳」を「なまにゅう」と読んでいました。ま、「なまちち」よりいいですよね！

好きなタイプを聞かれたら

なぜか婚活イベントのセミナー講師の仕事がきます。越後七不思議です。幸せオーラをまとった女性が「あなたがたもこちらの世界へカモ～ン！」と呼び掛けた方が効果的だと思うのですが、反面教師って言葉もありますからね。

初対面の男女が出会う婚活イベントや合コンで盛り上がる話題といえば、「好きなタイプ」についてです。先日テレビのお見合い番組を見ていたら、好きなタイプを聞かれた20代の男性が「年上も好きです。40代以上でも！」と答えており、なかなか見どころのある青年だと思ったら次の瞬間、「芸能人で言うと原田知世」とぬかしました。ハードル高っ！

合コン現役時代は頭を悩ませたものです。その問いに対して、いかに気の利いた答えを返すか。ポイントは、どの人がどんな人か分から

行きつけの地蔵堂に置いてある人形。真ん中の子だけ正座が限界

ない段階では、一人たりとも振り落としてはいけないということです。例えば「次男」とか、言いたいのは分かる。でもダメ。急ぎ過ぎです。あと「B型はイヤ」とか、それもダメ。変えようのないものは挙げないこと。あとは「私より背の高い人」とか、ほんとダメ。外見については心の中で思っていれば良いのです。男性も同じですよ。「目がぱっちりした人」とかしゃーしゃーと言わないこと。だいたいね、そういう見た目を挙げる人というのは、誰か特定の人が心にいて、その人のことを言っているに過ぎないのです。

ではどんな答えがいいのか。無難な線でいえば、「気の合う人」ですよね。また、「好きになった人が理想のタイプ」というのも、みんなに可能性を残す良い回答だと思います。

さて、このような答えが飛び交うとある合コンの席で、友人の一人が、こう言ったことがあります。「何でもいいから勝つ人が好き」。これはなかなかいい答えだと思うのですが、いかがでしょうか。すると男性陣は、自分の中の、人に負けない何かを心で探し始めるわけです。「勝つ」という言葉に反応して狩猟本能に火がついたようにも見えました。こういうふうに、人の心がざわざわと動く答えはとても良いと思うんですよね。するとしばらくして男性の一人が「俺、なんもないな」ってポツリとつぶやきました。でも彼女のすごいのはそこから。突然「じゃあいい？　じゃんけんぽん！」と彼に向かって手を出すと彼もつられてじゃんけんぽん。すると彼が勝ったのです。周りが盛り上がる中で、彼女は彼を見てニッコリ。彼女にだけは好きになった人を絶対に紹介しないと固く心に誓ったのでした。

ちなみに私は、男性でも女性でも、関わった人はひとまずみんな好きになることにしていて、その上で、相手も私を好きだと言ってくれる人が大好きです。

イライラ解消法

周りにイライラしたとき、気持ちを落ち着かせるために心の中で唱える言葉、あなたにはありますか？

例えばある人は「宇宙レベルで考えろ」と唱えるそうです。確かに宇宙に思いをはせれば何もかもがちっぽけです。またある人は「今、私はイライラしている」と唱えて、イライラの渦の中から抜け出して客観的な視点に立つといいます。そんな御守りのような一言があると心強いものです。

腕に止まった蚊に思う存分血を吸わせてやる、そんな慈悲深い私でも、人間だもの、時にイラッとすることがあります。運転中、列に入りたいのに前方をふさがれた時。雨の道で、徐行しない車に水しぶきを思いっきり浴びせられた時。トイレットペーパーを引いたら、ほん

渋滞のイライラ中。前の車の荷台の子たちに癒やされる

の10センチしか残されていなかった時。ドカンと爆発というよりも、一抹の哀しさとともに沸々と沸き起こる怒り。そんな時、私が唱える言葉は「100年後には、だぁれもいない」です。列に入れてくれないその人も、紙交換を怠ったその人も、そしてこの私とて、100年後には死んでいる。ああ何とまあはかない人生だろうか。地球誕生から46億年、そのうちのたった100年さえ私たちは生きられないというのに、小さなことでイラついて、ああ~バカバカしい。ならば短いこの命、とことん燃やしてみましょうか、泣いて笑って、酔って踊って、食べて騒いで、恋して乱れて……あと何しようかと考えている間に、単純な私は、一体何に誰に腹を立てていたのか忘れてしまいます。

そんな私はさておいて、周りのいろんなことによく腹が立つという人は、それだけ真面目に頑張って生きている人なのだと思うのです。絶対に他人を待たせてはいけないと自分を律しているから、他人の一分の遅刻が許せないんです。他人に迷惑をかけてはいけないと強く思っているから、他人の少しの迷惑行為が許せないんです。

「人は自分を受け入れる大きさしか、相手のことを受け入れられないものなんですよ」。ある時、後輩が私に言った言葉です。

他人へのイライラ解消は、今よりちょっぴり自分に優しくすること、自分を甘やかしてあげることからかもしれません。

夢だったのかもしれない桜

不思議な桜の思い出があります。

東京にいた頃、アルバイトを終えた帰り道、神田川沿いを一人で歩いていると、後ろから声をかけられました。振り向くと、大学生風の男の人が自転車を引いて立っていて「これから飲みに行きませんか?」と言います。

春、やわらかな風の吹く夜でした。スニーカーにジーパンのこれといった特徴のない服装で、顔はよく思い出せないのですが、なんとなく穏やかで優しそうな人だったと思います。何よりも疲れていた私は「いいえ、帰ります」と断ったのですが、彼が自転車を引いたまま後ろをついてきます。帰る方向が一緒なので、というようなことを言われて、それなら、としばらく黙って歩きました。

なんだよ〜このこの〜。
仲良しだなあ・・・

神田川は浅くて流れのゆるやかな川です。そこへ、両岸の桜がまるで手をつなぐように枝をのばしてアーチを作っていました。その時初めて満開の桜に気付いた私は思わず「わあ！」と声に出さないまま振り返りました。記憶はそこで一旦途切れます。不思議なのは、次の記憶が、彼の自転車の後ろに乗って走っていることなのです。どんないきさつでそうなったのか、どこへ向かうつもりだったのか、まったく思い出せません。ただ覚えているのは、自転車の後ろに横向きに腰掛けて、ハラハラと川面に落ちていく花びらを眺めたこと。彼のこぐ自転車がちょうどいいスピードで、私のスカートがヒラヒラはためいていたこと。きつく目を閉じてかいだ甘やかな香り。淡いピンクを縁取る空の群青。切ないくらいに満開の桜。

言葉を交わした記憶もなく、その後、そのまま別れたのでしょう。

当時は携帯電話も持っていませんでしたから、番号やアドレスの交換などありません。それどころかお互いに名乗ることさえしなかったと思います。あのひとときが最初で最後でそれっきり。同じ時間に同じ道を通っても、二度と会うことはありませんでした。もしも今どこかですれ違ってもお互いに気が付くことはないでしょう。彼は元気でいるだろうか。今年はどこで誰と桜を眺めているのだろう。そんなふうに感傷的になることもありません。ただ、ある年のある春の夜、私たちは偶然に、同じ桜を見ただけです。

ねんざよりざんねん！

トランポリンを買いました。今流行のトランポリンダイエットに挑戦するためです。アパートの下の階に響かないだろうかとか、弾みすぎて頭が天井を突き破らないだろうかと不安でしたが、実際はとても楽しく快適です。ネットで検索をするといろいろな動画が出てきて、一緒にトレーニングできます。その中で、たくましい太ももが魅力的なスパルタコーチ、タチアナ女史に師事して、軽快な音楽に乗せて毎日30分、爽やかな汗を流していました。

ところが、先日ある失敗をやらかしたため、しばらく跳ぶことができなくなってしまいました。それは、捻挫です。トランポリンを跳んでいて……と思うでしょ。違います。飲み会の帰り、お店の階段を一段踏み外し転倒したのです。「飲み放題」の文字が「限界に挑戦しろ」と

「もう飛び出すのにも疲れたんや・・・」
黒ひげ危機一髪のつぶやき

見えるものですから、ついつい……。

　怪我ではなくても、このようなお酒での失敗が過去にもあります。例えば20代の頃、上司に連れられて行った取引先の接待の席でガチガチに緊張して、開始から飛ばしました。若造にありがちですよね。ほどなく完全に出来上がってしまった私が何をしたか、翌日上司に聞いた話によると（自分では覚えていません）、正面にいた先方の部長さんに「あ〜ん」と命令して口を開けさせ、その口めがけて、豆を一つずつ投げ入れたというのです。「ポーイ、ポーイ」の掛け声と共に！　入ると「ゴーーール!!」とガッツポーズまでして！　地獄絵図です。でも上司よ、そんな私を見ていないで早く止めてくれ。それに、部長も部長で、素直に口を開けて応じないでくださいよ、と思いましたけれど、悪いのは私です。菓子折りを持ってお詫びに行きました。

　今回の捻挫は、このように他人を巻き込まないだけ良かったです。

早速整形外科に行き、湿布を処方してもらいました。先生に「治るまで、気をつけることはありますか？」と尋ねると、一言こうおっしゃいました。「同じところを挫《くじ》かないこと」……ですよねー！

そうだそうだそうなんだ、私はこれまで何度同じような失敗を繰り返してきただろう。何度後悔し、何度もう二度としないと誓っただろう。でもまたやった。そしてまたやるだろう。痛む足を引きながら、情けない気持ちで診察室を去ろうとしたその時、あ！　これを聞いておかなきゃ！　と思い出したことがありました。振り返って尋ねました。

「先生、お酒は飲んでも差し支えないでしょうか？」……重症。

第4章　遠藤コラム

おごれ！　男

最近、番組宛てに恋の相談が増えています。13歳年上の女性に恋をしたという29歳の男性は、いつも誘いをはぐらかす彼女を何とか口説いて食事に行き、「僕に甘えてほしいです」と言ってみたそうです。すると「君には甘えられないな～」と返されたとか。この大人の対応、やんわりと遠回しな拒絶。さすがですよね。ところで私が気になったのは、このときのお会計をどうしたかということです。

ここからが今日の本題です。まさかですが、「甘えてほしいです」なんて言ったくせに、きっちり割り勘にしたり、ましてやちゃっかり年上におごってもらったりしませんでしたよね？

今の世の中、男性が全額おごるって珍しいそうですが、この場合意地でも全額払うべきです。というか、この場面こそが最大のチャンス、見せ場なのです。年下が年上にアプローチするときは、年下だということを全く感じさせないか、年下であることを利用するかのどちらかです。

角田光代さん原作の映画「紙の月」をごらんになりましたか？　41歳の銀行の契約社員、宮沢りえさん演じる梨花が借金のある貧乏大学生に貢いで横領事件を起こすという物語です。その中で、池松壮亮さん演じる大学生が彼女を、ある日新橋のガード下かなんかの安い飲み屋に連れて行きます。「こんなところしかご馳走《ちそう》できないからごめん」なんて言いながら。全てのアラフォー女性はこのシーンでやられたと思います。

それなんですよ、それ。食事の内容や金額じゃないんです。心意気というか、自分にできる精一杯のことをしてくれたことがたまらなく嬉しいんです。おごりは呼び水です。

この行為が次の展開を呼ぶんです。いい年した女性なら、おごられっぱなしは申し訳ないからと必ずお返しを考えます。おごり〜！ やった〜ラッキ〜！ なんて喜んで終わりの小娘と違うんです。年増女は律儀なのです。じゃあ次は私が…と、早速二軒目に行くことになる場合もあるし、次に会った時にと、お返しを考えたりします。それはつまり、次に会うまであなたのことが常に頭のどこかにあるってことなんです。

一軒目のおごりは幸せの呼び水！ だから

ケチケチしない！

男女平等といって割り勘を声高に主張する男性もいます。反対はしません。でも、本気で口説きたい女性がいるなら、つべこべ言わずにおごっておけ！

M ズルい女
シャ乱Q

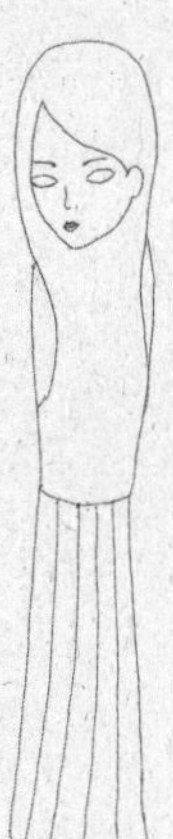

みつるさんの話

とある企業の新年会で司会のお手伝いをしたのですが、その会で15年ぶりに同級生と再会しました。それがみつるさんです。

彼は恩人というと大げさですが、かつて私がとても辛かった時にお世話になった人です。

当時付き合っていた彼と私、そしてみつるさんを含む同級生の何人かでよく集まって遊んだり飲んだりしていたのですが、ある時から彼の態度が急にそっけなくなりました。ちゃんと話がしたいと思い電話をかけても出てくれません。そこで私はみつるさんに連絡して車で迎えに来てもらい「海まで連れて行け」と頼みました。

秋の終わりの肌寒い寂しい夜の海でした。高台から眺めると、暗く不気味な波が手招きしているように見えました。

彼から口止めをされていたみつるさんも困ったでしょう。でも私にここまで連れてこられたら詰問から逃げ切れるわけがないということも覚悟していたと思います。案の定、最初はもごもごしていましたがあっさり落ちて、全てを話してくれました。その時、しょんぼりする私に、みつるさんが「ごめん」と言ったのを忘れません。まるで自分が振ったみたいに。優しい人なのです。思わず私はつぶやきました。「ねえ、一緒に死んでもらっていいかな」。目の前は崖で、アクセルをひと踏みすれば海へドボンです。するとみつるさんは「何言ってんだや！　バカ！」と言うやいなや、ものすごい勢いで車をバックさせ、即刻、私を家まで送り届けました。

後で分かったのですが、この夜のことを、みつるさんは仲間内の誰にも話していませんでした。

20歳も年下のお嫁さんを一昨年もらったばかりだというみつるさんは、少しふっくらして表情は以前にも増して優しくなっていました。

「なーは結婚したんだか？」と尋ねるので、「まだだよ」と答えると「なんでか！」と笑った顔はあの日と変わりません。それから当時のメンバーを一人ずつ挙げて、近況や思い出話に花を咲かせたのですが、あの私を振った彼の名前をいつまでたっても挙げないのです。とうとう最後まで一切、彼のことやあの日のことには触れずに「元気で頑張れよ！」と言って去っていきました。そんなみつるさんの後ろ姿を「バカだなあ。さすがにもう大丈夫だよ」と見送った私です。

M 好きにならずにいられない
Elvis Presley

虫の本を見ている女性

大きな本屋さんに行くと、カテゴリー別に書棚が細かく分類されていて、面白いですよね。何が面白いかというと、それぞれのコーナーにいる人を見ること。どこか共通点があるものです。

健康関連のコーナーにはおじさまが多いですが、最近は若い女性も目立ち、皆だいたい完璧な防寒装備です。ぺったんこの靴と、毛糸の帽子。モコモコアイテムをどこかに採用。化粧っ気がない人が多いです。エンタメ系のコーナーには、タレントのエッセー本に加えて、ギャルの写真集、オカルト関連、新宿歌舞伎町の危ない話とか物騒な本もありますが、そこではフリートスとジーパン姿の若い男子をよく見かけます。で、リュック。

めったに人がいないのが、宗教、哲学、心理学のコーナー。いかにもといえばいかにもだけど、意外といえば意外だよなあというタイプが多いです。

先日、虫の専門書コーナーに張り付いている女性がいました。虫の本といっても、昆虫図鑑ではありません。彼女が手にしていたのはその名も『楽しい昆虫料理』。ちょっとメニューを紹介してみましょうか。カマキリベビーの揚げ出し豆腐、タガメそうめん、ナメクジの酢みそ和え、ハチの子とゴキ○リの雑煮、虫納豆。それから虫うどん、昆虫八宝菜、アリの子マン、虫最中《もなか》などなど。アリの子マンってちょっとかわいいじゃないか。

それより、ナメクジとかゴキ…。

とにかくそんな本を、彼女は一心不乱に読んでいるのです。年の頃は30代後半から40歳くらいでしょうか。黒髪のロングヘアで、花柄の大判ストールを襟元に巻き、ロングコートにヒールの靴といったいでたちで、知的で品があって、清楚な雰囲気でした。普段はなんとかのポワレとか、ブルターニュ産オマールエビのなんたらとかを上品にナイフとフォークで召し上がっていそうなのに、見ているのはそこらへんにいる昆虫の料理本！

　そのギャップ！　たまりませんねー。

ま、見ていたのは他でもない私なんですけどね。私は、結構マニアックな棚の前にいます。書店で見掛けても、決して声を掛けないでください。

M　よく虫が死んでいる

森山直太朗

バレンタイン

今年もお送りしましょう！　誰も待ってないけれど。恒例のバレンタイン大作戦！

ただチョコを買って送ったってダメ。他の女の子と差をつけたいからって、手作りなんかしてもダメ。ではどうするか。毎年口を酸っぱくしてお伝えしている通り、大切なのはチョコとそこに添えるメッセージが織りなすハーモニーなんです。お金も手間もかけないで、頭を使うのです。

その前に、ユニークなバレンタイン作戦をいろいろ調べてみました。例えばチョコに添えたメッセージカードの表にこう書きます。「あなたはブラッド・ピットとジョージ・クルーニーとジョニー・デップを合わせたよりもホットだわ！」。そしてそのカードを開くと、そこに「ところで私の眼鏡は見かけたかしら？」とひと言。ヒュ〜！　おっしゃれ〜！

こんなのもありました。彼に箱を送ります。彼は当然チョコが入っていると思って開けますが中は空っぽ。その代わりにこんなメッセージカードが。「バレンタインなんかクソくらえよ。私はあなたを毎日愛しているもの」。キュンとくるね〜！

さあ、では始めましょう！　バレンタイン大作戦2015！

まずは、けんかが絶えないカップルへ。ガトーショコラを用意してください。そこに添えるメッセージは「いつもけんかばっかりだけど、しょーこらもなくあなたが好きです」。

彼の浮気を許したあなた。「また浮気したら許さない」なんて言うよりも、森永のチョコボールを用意してください。メッセージは「もうキョロキョロしちゃダメだよ」。パッケージのキョロちゃんにバッテンをつけたり、吹き出しに「ダメだよ」って書いてみたり。

バレンタインを前に別れてしまったあなた、大丈夫です。彼の心を取り戻したいなら用意するのはナッツチョコ。メッセージには一言、「リターン」と書いてください（韓国のナッツリターン事件にちなんで）。

熱い想いを伝えたいあなたは、森永の「小枝」を用意。メッセージは「最初で最後のこえだと思う」。「え」と「い」を混同する新潟県人らしいアプローチで親しみが持てますよね。

そう、新潟弁を使って告白したい！という女子もいるでしょう。そんなあなたが準備するのは六花亭のチョコ。メッセージは？もう分かりますよね。「私と付き合ってくんねろっか！」です。どんどんいきます。

明治のロングセラー商品「タケノコの里」と「きのこの山」に大人バージョンが出ましたよね。実はこの「きのこの山」を使って、重要なメッセージを伝えることが可能です。そのメッセージは「覚えてる？　あのときのこだよ」。あの時の子だよ…それは妊娠！　タケノコの里なら「わたし一生、あなたたけのこだよ」。なんてメッセージはいかがでしょう。

もういいかげん身を固めたいというあなたへ。ちょっと手間ですが準備するのはチョコフォンデュ。熱々のチョコをたっぷり付けたイチゴを彼の口元まで運んだら、こう告げて

ください。「フーフーして。フーフー、夫婦にして！」。

長くなりましたがダジャレはこのくらいにして、真面目に考えてみましょう。

まず一案、用意するものはダンプのミニカー。土砂とか積めるようになっているタイプですね。そこに幾粒か、チョコレートを積んでラッピングします。そこに添えるメッセージは「本当の気持ちはこのくらいだよ」。つまり、本当はダンプカーいっぱいにチョコ送りたいくらい大好きなんだよってことです。

二案、用意するものは近年流行の惑星チョコレートです。太陽系の惑星が8つ、カラフルなチョコレートになって詰まっている、見た目もきれいな人気商品です。銀河系バージョンもあるようですね。そこに添えるメッセージは「あなたのことがどのくらい好きかって尋ねられたら、このくらい好き」。それだけを書いて、相手に意味を想像させます。答えは「宇宙」です。果てしない宇宙くらい好きってこと。過去に恋人に、「私のことどのくらい好き？　宇宙って言って！」と言って、ドン引きされた経験を持つ私だからこそ考えつく手法です。

最後は、軽くない本気の気持ちを伝えたい方にですが、もうストレートにいきます。板チョコを用意してください。それを丁寧にラッピングして彼に渡します。その時に「持ってみて、これが私の気持ちの重さだから」と言います。彼は「やけに軽いなあ」なんて笑うでしょう。いやいやどうして。開けてみて分

かるのです。その板チョコには、あなたの本籍と銀行の口座番号、親兄弟の名前、祖母の戒名に至るまでが彫ってあるのです。生半可な気持ちじゃないことがこれで伝わるでしょう。

さあ、いかがでしたでしょうか。毎年言いますが、これで想いが伝わらなくても悲観しないこと。このセンスが分からない男など、こちらから願い下げだ！　と言ってやりましょう。すてきなバレンタインを。

M　幸せになりたい
内田有紀

今日の天使

何もかもがきちんと計算されたようにうまくいかない日ってありませんか？

その日、入ろうと思ったお店はことごとく満席。持ち帰りで買おうと思ったものが、私の前のお客さんで売り切れ。

やっと入った駅構内の喫茶店でカウンターの席にようやく腰掛けることができたのですが、ほどなく店員がやってきて「あちらの二人掛けのテーブル席に移っていただけませんか？」と言います。「えー、いやなんですけど！ここがいいんですけど！」と心の中でつぶやき、入り口に目を向けると、高齢のおそらく夫婦と30代と思われる姉と弟の４人が立っていました。

お店を見渡すとその４人が一緒に腰掛けられるテーブル席は全て埋まっており、私の横のカウンターを見ると３つ並んで空いています。つまり私が譲れば、４人で並んでカウンター席に腰掛けられるというわけです。いつもなら快く譲るのですが、その日はうまくいかなかった仕事の後で、靴はハイヒールだし、喉はカラカラで荷物は重いし…しかしそこは大人ですので「あ、いいですよ」と若干無愛想に返事をして、そのカウンターのすぐ後ろの２人掛けの席に移動しました。

並んで腰掛けた４人はやはり家族で、聞こえてきた会話から、離れて暮らしているのだと分かりました。聞くともなしに、彼らの話に耳を傾けながら、その日の仕事を振り返りました。もう少しやれたんじゃないか。準備

が足りなかったのかもしれない。あーあ、カフェラテなんてやめてビールにすれば良かったな。

そのうち、新幹線の出発時間が近づいたらしく、帰り仕度を始めた4人。久しぶりの再会、ひとときの家族団らん。これからまたそれぞれの場所へ戻るのでしょう。

荷物をまとめた4人が私の目の前を通り過ぎていきます。その時、最後に通り過ぎた弟がふいに立ち止まって私の方に向き直ると、にっこり笑って言いました。「席を譲ってくださって、ありがとうございました」。突然のことで「あ、いいえ」としか返すことができませんでした。

彼は見ていたのです。店員が私に移動をお願いしたところを。その時ムッとした私の顔も。それはとても短いですが、丁寧な、真心のこもったお礼の言葉でした。

「一人の人間の一日には必ず一人、その日の天使がついている」と言ったのは中島らもでした。心・技・体ともに絶好調のときは、これらの天使は人には見えず、絶望的な気分に落ちているときに、この天使が一日に一人だけ差し遣わされていることに気付くのだと。彼は間違いなく、私の、あの日の天使でした。

M　頼りない天使
フィッシュマンズ

岩《がん》ちゃんのこと

先日行った旅行にはひとつ目的がありました。それは、10年ほど前、一人で訪れた居酒屋を再び訪問すること。

あれは秋の寒い日でした。石川県に向かう途中、疲れたので、高速道路を降りて、富山県の砺波市に一泊することにしました。ホテルを取り、一杯飲もうと街へ出ると、「居酒屋岩《がん》ちゃん」とのれんがかかった赤提灯のお店を見つけました。そこのご主人が、ホカホカのおむすびみたいな顔にねじり鉢巻の、岩ちゃんです。

遅い時間だったこともあってお客さんは近くの内科医院の常連のおじさま先生が一人だけ。新潟からだというと、よく来たよく来たと2人でもてなしてくれて、どんな話をしたか記憶はおぼろですが、申し訳ないくらいサービスをしてもらったことと、また必ずここで会おうと約束したことは覚えています。

それからだいぶ時間が経ってしまいましたが、その約束を果たしに会いに行くことにしたのです。

砺波で降りて、同じホテルを取って、ドキドキしながらお店に向かいました。お店の明かりが見えたら嬉しくなって思わず駆けて行くと、そこはラーメン屋になっていました。内装もがらりと変わっていて、店内に岩ちゃんらしき人はいません。

そこで近くのお店のご主人に尋ねてみると、「ああ岩ちゃんね、2、3年ほど前に、お店閉じたよ」と言います。そして「たまにね、あなたみたいな人が訪ねて来るよ。岩ちゃんのお店、なくなっちゃったんですかって」と教えてくれました。

その夜ホテルに戻ってベッドに入り、居酒屋岩ちゃんの営業最後の日を想像しました。ホカホカおむすびみたいな岩ちゃんと常連先生、そして私。あの日のように乾杯して、最後ののれんを下ろす岩ちゃんに、「お疲れさまでした」と声を掛けたら深い眠りに落ちていきました。

M 夜霧よ今夜も有難う
石原裕次郎

悪気ない失敗に寛大であれ

先日泊まった旅館での出来事です。朝食会場に行くと、両親と小学校低学年の女の子の3人家族がテーブルに着いていました。女の子は何が気に入らないのか、終始仏頂面で食べ物を箸で突ついたりしていて、それをお父さんが叱っています。

やがて3人は、食事を終えて席を立ちました。女の子のトレーをお父さんが運ぼうとすると「私がやる！」といって、彼女がそれをひったくった次の瞬間！　ガラガラガッシャーン!!　女の子はトレーをひっくり返してしまいました。それまでさんざん叱られていて、その上にこれですから、わあ〜やっちまっただ〜怒られるぞ〜と、私だけでなく、そこにいる誰もが思ったのでしょう。朝食会場の空気が一瞬凍り付きました。すると案の定お母さんが「もう〜！　余計なことするのやめてよね」と大声で怒鳴り、会場のスタッフに謝りました。女の子はどうすることもできず立ち尽くし、口を真一文字にきつく結んでいます。さあ次はお父さんだ、お父さんも怒るぞ〜と思いながら福神漬けをかみしめ見守っていると、お父さんが女の子の前にしゃがみ込んで言ったのです。

「わざとじゃないもんな。自分で運ぼうと思ったんだもんな」

その瞬間、彼女の目からはそれまでこらえていた大粒の涙がこぼれました。そしてその時、私も小さな頃に同じようなことがあったことを思い出しました。ある日、祖母と買い

物に出掛けるときに、チラシの裏に大きくマジックで「今、でかけています。ご用のあるかたはあとで来てください」と書いて玄関に貼りました。自分では精一杯気を利かせたつもりでした。しかし買い物から帰って貼り紙を見つけた祖母に、「わざわざこんげ貼り紙したら、泥棒に入ってくださいって言ってるのと同じらこて！」と叱られました。私はうつむいて、謝りもしなかったし泣きもしませんでした。

その夜、祖母から話を聞いた母が、私にこう言いました。「いつも来る野菜売りのおばあちゃんとか、隣のおじいちゃんに分かるように書いたんでしょ」。呆れて笑うと思っていた母のひと言に、押さえていた涙があふれて止まりませんでした。

トレーをひっくり返した女の子も、きっとお父さんが分かってくれたから涙をこらえることができなかったのです。

誰だって失敗しようと思ってするわけではありません。一番がっかりしているのは他ならぬ本人なのです。

誰かの悪気ない失敗に他人がしてあげられるのは、分かってる！　ドンマイ！　と励ましてあげること。優しいお父さんを見ていて、そう思いました。

M　New World
カサリンチュ

チャーミー

小学生のころ、隣の家に、赤い首輪の小さな鈴をチリンチリンと鳴らしながらツンツン歩く、チャーミーというメスのシャム猫がいました。

当時、私の家では多いときで8羽ほど小鳥を飼っていました。中でも手乗り文鳥の文ちゃんは、私の手のひらで眠ってしまうほどの仲良しでとてもかわいがっていたのです。

晴れてお日さまが出ると、鳥かごを外に出して日なたぼっこをさせます。小鳥たちも嬉しいのか、鳴いたりはねたり、水浴びをしたりします。

それは、雪が解けてもう春もそこまできていた、あるポカポカ陽気の午後のことでした。

私が学校から帰ると、外に鳥かごが出されていました。ところが、中に小鳥がいません。それは文ちゃんのかごでした。その日、祖母が居間でテレビを見ていると、鳥かごがバタバタと騒がしいのでびっくりして慌てて飛び出すと、チャーミーが鳥かごの中に前足をつっこんでいて、追い払ったときには文ちゃんはすでに弱っていたそうです。涙が枯れるほど泣いて、チャーミーを憎みました。でも同時に怖かったのです。どうにか復讐《ふくしゅう》してやりたいと思ったけれど、姿を見るのが恐ろしかったのです。だからただ毎日祈りました。「チャーミーが死にますように。文ちゃんを殺したチャーミーがどうか死にますように」と。それからしばらく見掛けることはありませんでした。

その後何カ月かして、再び私の前に現れた時のことは今でも忘れられません。ある朝カーテンを開けると、物干し場の隅にちょんと座ってこちらを見つめるチャーミーの姿があったのです。一瞬違和感を覚えました。なんだろう、と思ってよく見ると、左前足が根本からなくなっていました。隣のおばさんに聞いた話によると、車にひかれて、命は取りとめたものの、足を一本切断せざるを得なかったそうです。３本足になったチャーミーは、以前のようにかっこよく歩くことができなくなっていました。ひょこんひょこんと不器用に歩く姿をそれから何度も見掛けました。そして、時折、物干し場に来ては、ある時はごろんと横になっていたり、じっと座ってどこか遠くを眺めたりしていました。私は別にかわいそうとも、もう憎いとも感じていなかったと思います。今も春になると、物干し場の隅で、こちらをまっすぐに見つめていたチャーミーの姿を時々思い出します。

M　ぼくたちの失敗

森田童子

ギャンブルもいろいろ

ギャンブルはめったにしません。宝くじも買いません。楽してお金がもうかるなんて、そんな運、自分は持ち合わせていないと分かるのです。物欲もありません。時々旅行に行って温泉に浸かり、美味《おい》しいものとお酒があればほぼ満足です。

だけど、その代わりというわけではありませんが、人生のギャンブルは大いにやりたいタイプです。例えば受験で「受かるか落ちるかギリギリだ」と言われても、それが行きたい学校であれば、ランクを落とさず受けます。

損をするかもしれない仕事でも、それが面白そうでやりたかったら迷わずやります。損得よりも、興味、意欲に忠実なのです。ただし、チームとなると、そう簡単にはいきません。

先日、実際にそんな場面がありました。うまくいくかどうか分からない、失敗したら大きなリスクを負うという仕事を前に、私はいつもの通り面白そうだからやると決めていたのですが、先方がリスクは負えないという理由で尻込みし、企画は頓挫しました。「仕事はギャンブルじゃないですから」と言われました。「もっともですが、本当にその気があるなら、方法はいくらでもあるんじゃないですか？　ふん！　意気地なし！」。そのひと言をどうにか飲み込んだ帰り道、ふと、じゃあ、代わりにあっちのギャンブルをやってみようかと思ったのです。ちゃんとした公営のギャンブルです。

それをするのは人生二度目。占いのつもりでした。これで勝てれば、きっとあの仕事でも勝てたはず。これに負ければ、きっとうまくいかなかっただろう。それで自分を納得させたかったのです。結果、微妙な勝ちでした。確かに嬉しかったです。

だけど、やっぱり違うのです。お金は入ってきたけれど、結局、何も手にしていないような気がして。

一方、自分がしたいことに挑戦した時は、たとえ失敗に終わっても、損をしたとしても、別の何かを手にした実感があるのです。そしてそれは、いつか必ず役に立つものだと確信できます。

だからこそ、やってみたかった。

勝ったお金でパアーッと飲みに行ったら、

ま、いつか！　とすぐに開き直れましたけどね！　単純!!

M　わたしのしごと
竹原ピストル

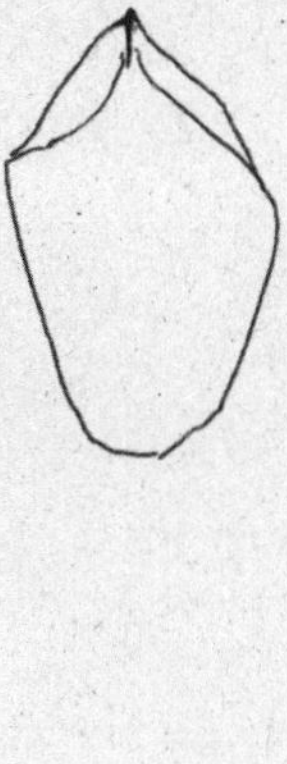

一番身近なすごい人

3月いっぱいで長年勤めた会社を定年退職される方、ラジオの前にいらっしゃるかもしれませんね。

どういう気持ちなんだろうなあ。毎日通った場所に明日からは通わないということは。我慢してきたことにもう縛られないということは。もっとやりたかったことを手放すということは。うまく想像できませんが、私だったらきっと、そんな最後の一日の終わりは、初めて入った知らないお店で、一人でお酒を呑みたいだろうなあと思います。

仕事でお世話になったおじさまが3月いっぱいで定年退職を迎え、先日その方の大学生の息子さんと三人で話をする機会がありました。

息子さんはスティーブ・ジョブズ信奉者で、尊敬するジョブズのさまざまなエピソードや、作り出したものがいかにすごいかということを熱く語ってくれました。お父さんであるおじさまも、「そうだよなあ、スティーブ・ジョブズは、なんだか名前からしてやりそうだもんなあ」なんて言いながら隣で笑っていました。

私は彼の話を聞きながら思いました。

ジョブズはすごい。確かにすごい。でも息子よ、君は、君のお父さんがどんなにすごい人か知っているか？　職場の女性たちは理不尽なことがあるとお父さんに相談するんだよ。すると呑みに誘って励まして、最後のカラオケまで付き合ってくれるんだよ。いつも弱い立場の味方で、自分が全部かぶって上に掛け合ってくれる人だよ。職場の人だけじゃない。私のような外部の人間も、自分の部下のように気に掛けてくれて、温かく時に厳しく言葉を掛けて、関わった人全てを育ててきた人なんだよ。そんなお父さんは、君が大学を受験する時に、恥ずかしそうに私にモーゲーの御札をねだったよ。息子に渡すとプレッシャーだから、自分で持っていることにするって。君とお母さん、家族を何よりも大切に思っていて、酔うといつも君の自慢話だよ。家族を守るために、定年まで頑張ってきたんだよ。お父さんは、最新のかっこいい機器を作った人じゃないけど、世界の人の心を打つ名言を残したわけじゃないけど、間違いなく、すごい人だよ。

だけどそんなことはどうでもいいんだという顔で、息子さんの話を微笑みながら聞いているおじさまは、なんだかとっても幸せそうでした。

　定年を迎える皆さま、人生はこれからですね。これからがきっと楽しいですね。ひとまずお疲れさまでした。

M　パパの歌　忌野清志郎

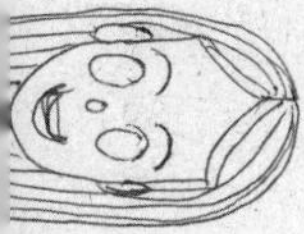

汗かきゴマフアザラシ

新聞で動物の写真を見つけると、ふっと思い出す人がいます。それは過去に二回しか会ったことのない男の人です。

一回目は、私が弥彦で観光駅長の仕事をしていたとき。彼は東京から取材に来たスポーツ新聞の若い記者でした。

背はそんなに高くなく、目がアーモンドみたいに茶色で丸くて、汗かきなのか写真を撮っていても話を聞いていても終始ハンカチで汗を拭い、笑うとのぞく八重歯が印象的な人でした。

取材が終わり雑談していると、彼がおもむろに、担いできた大きなバッグの中からスポーツ新聞を取り出しました。「これ、僕が

撮ったんです！」とテーブルの上に広げると、そこには寝そべってこちらに手を振っているようなポーズのゴマフアザラシの赤ちゃんが大きく写っていました。

文句なしのベストショットで、「よく撮れましたね」と感動を伝えると、照れたように微笑みながら、また汗を拭いました。

やがて一年の任期を終えて、私は別の会社に勤めたのですが、あるとき彼から連絡があり、話したいことがあるので会えないかと言います。待ち合わせをした私たちは新潟駅前の居酒屋に行きました。そしてビールを何杯か呑んだ後、彼がこう切り出しました。

「麻理さんのところに取材に行った時、ゴマフアザラシの写真、見せたの覚えてる？」

すっかり忘れていましたが、そう言われてな

んとなく思い出していると「あれ、実は僕が撮った写真じゃないんだ。先輩が撮った写真なんだ。うそついてごめん」と、真面目な顔で頭を下げました。話したいことというのは、結局それだったのです。あの日、うそをついたことが心のどこかにずっと引っ掛かってい て、いつか会って謝ろうと思っていたのだそうです。

別れ際、「今度は自分が本当に撮った最高の写真を見せる」と彼は言いました。

あれから20年以上経ったけれど、今もきっと汗を拭き拭き、仕事を頑張っているだろうな。そういえば、あのゴマフアザラシにちょっと似ていました。

M 嘘

秦基博

彩りみどり

街ですれ違う人、すれ違う人にあいさつをしながら歩いている人を見掛けました。されたほうは皆けげんそうにじろじろ見たり、反対側の歩道に避けたりします。私も軽く頭は下げましたが声に出して返すことはしませんでした。なぜだろう。知らない者同士があいさつを交わすことは良いことであるはずなのに。

例えば山に行くと、すれ違う他人同士は当たり前に「こんにちは」と交わすのに、同じことを街でやったら「変わった人」になってしまうのです。私たち、どこで何のスイッチを切り替えるのでしょうか。

お天気のいい日は、よく外を歩きます。すると、あいさつを交わさないまでも、自然に人と関わります。といっても、「出会い」と呼べるほどのものではありません。

市場で野菜を買ったら売り場のおかあさんがおまけしてくれたとか、本屋での入り口で、先に入った人が扉を押さえていてくれたとか、ささやかではありますが、それも人との関わりです。

こんな関わりもあります。

朝の番組を担当しているので、家を出るのは早朝です。今でこそ慣れましたが、夜が明け切らない冬は暗くて人気もなく、この世にたった独りぼっちのような心細さを感じていました。

そんなある日の朝、近くのマンションの3階の一室に、明かりを見つけました。ベラン

ダに、眼鏡をかけた青年が立っていて、プランターの緑にじょうろで水をあげています。真っ暗な街の中、そこだけが目印のように明るく光っていました。

次の日も、また次の日も、それから毎日、その部屋には明かりが灯っていて、水をやる姿も時折見掛けました。いつしか彼に心の中で「おはよう」と挨拶をするようになり、心細さはしだいに薄れていきました。毎朝その明かりが楽しみで、彼がベランダに立つ日は「当たりの日」と決めて、その日は何かいいことが起こると勝手に信じていました。彼が潤していたのは、緑だけではなく、私の心もだったのです。

こんな風に見ていたことを、もちろん彼は知りません。知らないまま、ある朝明かりは消えていて、どこかへ引っ越して行ったようでした。

よく知っている人や、いつもそばにいる人にだけ、心が助けられるわけではありません。ほんのひととき関わった人や、名前も知らない誰かの行為や言葉が、人生を救ってくれたり、彩ったりしてくれます。

M
おはよう こんにちは
エレファントカシマシ

水道橋で

東京の水道橋にイカした飲み屋を見つけました。こぢんまりとしたコの字カウンターの店内。煮込みは、牛モツ煮、豚スジ煮、豚なんこつ煮と3種類もあって感動しました。

浅草や新橋にもよくあるタイプのお店なのですが、そこが他と違うのは、店員と店内に流れる音楽です。だいたいこのようなお店ではテレビがついているか、有線で演歌が流れているかで、カウンターには味のあるご主人や、年季の入った看板娘がいたりするのですが、そこは違いました。まずテレビはありますが、流れているのはハードロックのミュージックビデオ。そして働いているのは、誰も何にも言わないけれど、一人残らずバンドマンです、たぶん。

カウンターの中には4人。一人は両腕にタトゥーがあり、一人はスキンヘッド、もう一人は普通のお兄さん。黙々と食材を焼いていた人はおそらくマスターです。すぐに分かりました。タトゥーがドラム、スキンヘッドがベース、お兄さんがボーカル兼ギター。マスターは元バンドマンで、今は、頑張る彼らを雇って支えているのです、たぶん。

カウンターの中のフォーメーションは完璧で、まるでステージを見ているよう。一人が鍋を振ると、そのリズムに合わせるように一人がネギを刻みます。ラーメンの湯きりすらヘッドバンギングを思わせました。そんな彼らは恐らく20代後半から30代前半といったところ。その位の歳になっても、音楽をやりたいから就職せず融通のきくバイトで稼いでいるのです、たぶん。

でも、そういう生き方もいいと思いませんか？　よく、東京に出た若者が新潟に戻って来ないという嘆きを聞きますが、戻って来ない理由の中には、夢を諦めて定職に就くことが窮屈だからということもあるはずです。当面は定職に就かず、家庭を持つ気もない子たちにとってみたら、親元には帰って来づらいでしょう。でも本来はそれでいいはずなのです。やりたい仕事しかしたくないから、就職しないでしばらくブラブラしてたって。

子どもの頃は「夢を見つけろ、そして諦めるな」と大人たちに言われますが、その夢はいつまで見ていていいのでしょうか。自分が納得するまでじゃダメなのでしょうか。いつ夢に折り合いをつけなくちゃならないのでしょうか。彼らを見ながら、そんなことを考えて呑んでいました。本当はバンドマンでも何でもない、飲み屋の正社員かもしれませんけどね。

***M*　電信柱にひっかけた夢**

長渕剛

まだまだ

自分がまだまだだなあって思うこと、ありますか？

つい先日、自分のまだまださを思いしらされた出来事がありました！

それは、とある飲み会の席でのこと。メンバーの中に20歳過ぎのかわいい女性がいました。これから留学するとかで「世界を見ていろいろなことを知りたいです」と、目をキラキラさせながら夢を語る姿は、もうまぶしくてまぶしくて、本当に光って見えたほど。

そんな席でいつ自分のことを「まだまだだなあ」と思ったかというと、その彼女が一度もモーニングゲートを聴いたことがないと言ったときです。「私ラジオって聴かないので」と彼女は言いました。聴いてなくていいけど、その言い方！「私、失敗しないので」の大門未知子かと思ったわ！彼女にシレーッと、そんなことを言わせてしまった自分のハクのなさを実感したのがまず1つ目のまだまだだなあです。

次に感じたまだまだは、その彼女が最後まで私に興味を示さなかったことです。あの日は珍しく酒場トークがさえていたと思います。苦手な大人数での雑談も、みんなが話題に参加できるように巧みにパスを回しました。いつもは無言で手酌で呑んでいるだけなのに。自分で自分を褒めたいです。でも、結局最後まで彼女の口から「今度ラジオ聴いてみますね！」の一言がもらえなかったのです。しゃべり手としてもまだまだだなあが2つ目。

最後にこの日、本当に私ってまだまだだなあと思った3つ目のこと。それは飲み会の帰り道に「あの小娘め！　覚えとけよ！」と石ころを蹴っ飛ばして独りごちたことです。ね、まだまだでしょう。

M　情けねぇとんねるず

勘が鈍ってる

お天気のいいある日の午後。郊外の静かな公園のベンチで小鳥のさえずりに耳をすませながら原稿を書いていると、一台の車がすーっと止まりました。しばらくすると50代くらいの男性が降りてきて、私のそばまで来たかと思うといきなり「こんにちは〜！こっんっにちはっ！」と声を掛けます。こういう触れ合いはけっこう好きなのですが、踏み込んで関わっていい人と、深入りせず引いた方がいい人は勘で分かります。これは、子どもの頃からやみくもに手当たり次第関わって培った勘ですね。

その勘によると、このおじさんの場合、後者でした。かといって、すぐにパソコンを畳んで、じゃあ！　というわけにもいかない雰囲気で…。ただひたすら画面を見つめていたところ、おじさんが「きれいだな〜、あなた」とつぶやきました。やっぱりこれは変な人、と確信しました。だって初対面でいきなりそんなこと言いますか？　いくら私が口にせずにはいられないほど美しいとはいえ…というか、その時は、マスクをしていて顔の半分が隠れていましたから！

うそつけ！　と思って「ほとんど顔が見えてないじゃないですか」と突っ込みました。するとおじさんが「いや、目がきれいなんだ。その貫くような眼差しが」。いやいや、さっきから私、おじさんのこと視野の中でしか見てなくて、目は合ってないと思うんですけど。するとおじさんが「あなたは奥様？」と聞くの

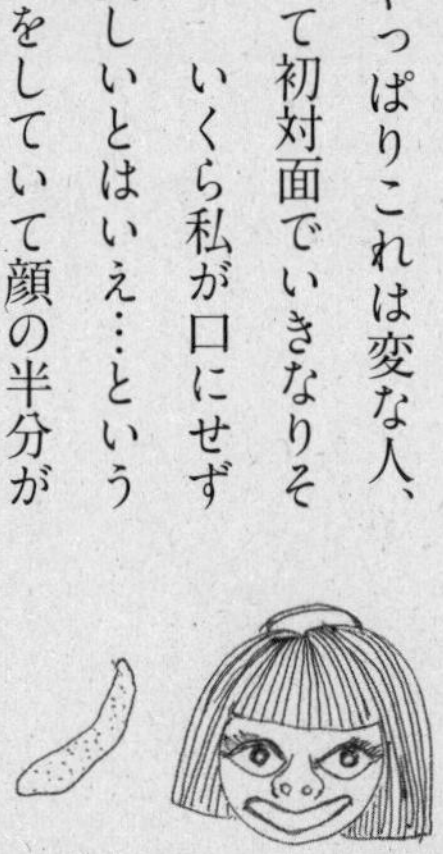

で「はい！」と答えました。それはちょっと、気分良かったですね。「専業主婦？」と、さらに聞くので「いえ、主人と共に稼いでいます」と答えました。「主人」と言ってみた…それもなかなか気分が良かったです。

でも、職業病でしょうか。「これはネタになる」と思い、結局、お話を始めてしまったわけです。おじさんは車の営業マンで、今の若い子はあまり車に乗らなくなったと嘆いていました。売れても軽自動車がほとんどだとか。「俺の若い頃はみんな、ローン組んでも車はまず買ったもんだ」と、力説していました。しばらくすると「よし、休憩したし仕事に戻るか。奥さん、ありがとう」と言って去っていきました。

私はその後ろ姿を見ながら思ったのです。いいおじさんだったじゃないか…と。疑ってすみませんでした。

おじさん、もしこの放送を聴いていたら今日もお仕事頑張ってください。

M 大人になってしまうのさ　古舘佑太郎

スタッフコラムV

私は知らない

彼女と番組を組ませてもらい13年ほど経つが、いざ思い返してみても、私は彼女の事をほとんど知らない。名前とメールアドレス以外で知っている事といえば、週明けはいつも機嫌が悪いことくらい。正確な年齢すら知らない。

出会った頃から「謎多き女性」という印象は今も全く変わらない。それでは業務上よろしくないと考え、無理矢理スタートさせたのが「遠藤コラム」だ。彼女はいったい何を考えているのか？　コラムを聴けば、少しは彼女を理解できるかもしれない。そんな思いで打診すると、「嫌だ」、「面倒だ」と文句を言いながらも、毎週そこそこなコラムを披露してくれた。

ここで私は読みの甘さを痛感する。コラムを聴けば聴くほど、彼女の頭の中がどうなっているのか？なおさら分からなくなっていったのだ。

コラム後にかける曲は、私が選曲するというルールがある。普通は打ち合わせで原稿を見ながら選ぶものだが、遠藤コラムに関しては、彼女は絶対に事前に原稿を見せない。

手の内を明かしたくないのか？　そもそも書いてないのか？　それすらも私は知らない。放送前日、唯一彼女から届くのは「明日はラーメン屋の話」、「ファミレス」、「どうにでもなれ」そんな単語だけ。手の内を明かさないのである。そこから想像を膨らませて候補曲を用意するという、まるでクイズのような日々に悩んで過ごす木曜の夜を、いつしか楽しみにしている自分がいた。

私は思った。知らない方が楽しめることもあるのだと。そして、知らない方がいいのだと。ゆえに、照れ屋で傲慢《ごうまん》で臆病で慎重で豪快で真面目で不真面目な謎だらけの彼女が書いたこの本の全貌も、そして今週放送するコラムの内容も、私は知らないのだ。

スタッフ畠澤 弘晃

スタッフコラムⅥ

彼女の異常な愛情

彼女はいつも恋をしている。彼の事を語るときは、声の高さもワントーン高く、普段より言葉数が多くなっているようにも思える。彼女はいつも彼を追いかける。彼はいつも本能の赴くまま、あるがままだ。ゆっくりとした振る舞いは威厳を感じさせ、一歩、また一歩と目標へ近づいていく人だ。

彼女はいつも彼を見ている。どこかトロンとしていて、間の抜けた彼の印象につい気を許してしまう。そんな彼の周りには、たくさん人が増えていく。彼女は彼が何者でも構わない。彼は言葉を話さず、人に襲いかかり、もともとは人間だった。そう、彼はゾンビだ。

遠藤麻理は、ゾンビに対して異常なまでの愛情を持ち合わせている。ゾンビ映画の第一人者、ジョージ・A・ロメロが亡くなった時には、夜通しで泣いていたといううわさもあるほどだ。ゾンビで笑い、ゾンビで泣く彼女は、なぜそんなにゾンビが好きなのか、ここに一つ仮説を立ててみた。

「遠藤麻理も、実はゾンビではないか——」

同じゾンビであるのなら、ゾンビへの恋も合点がいく。しかしゾンビというのは人間と同様に三者三様、十人十色。歩くゾンビもいれば、走るゾンビもいる。では遠藤麻理は、どんなゾンビなのか。これも僕なりに考えてみた。

「彼女は青春時代に思い残す事が多過ぎて、そのまま青春の生ける屍になってしまったのではないだろうか——」

周りの速度に決して合わせず、走らず、ただ本能の赴くままに生きる事は、それはそれは難しい事かもしれない。それでも彼女は、誰に何と言われても自分の道を這いずり進む。

そうか、彼女は「青春ゾンビ」なのだ。

「スタッフドラゴン」こと木下竜平

優しいカメバア

先日の「ことばのこばと」のコーナーでは「優しい人の定義」を考えました。感じる優しさは人それぞれ。その時の自分の状態、状況によっても違いますよね。弱っているときや心細いときは、他人のちょっとした言葉や気遣いも優しく感じられるもので、そんな時は、たまに弱ってみるのも悪くないなんて思えたりもします。

あの日、皆さんと優しい人とはどんな人かを考えていたとき、私にも思い出した優しい人がいました。

それは、初めてじゃない話を、初めてのように聞いてくれる人。祖母が元気なときうちに遊びに来ていた、通称カメバア。近所の茶飲み友達です。私は同じ部屋のちょっと離れたところで、本を読みながら二人の話に耳を傾けるのが好きでした。その時に、祖母が洋裁を習いに行っていた娘時代の話をよくカメバアにしていました。こちらで聞いている私は「おばあちゃん、その話この前もしてたよ！」と心の中で突っ込むのですが、カメバアは毎回、「へぇ～」「それで？」「すごいね～」と相づちを打ちながら何度でもニコニコ聞くのです。上手に聞いてくれるものだから、祖母もまた嬉しそうにニコニコと話します。

私なんかは、祖母がする同じ話を「それ、もう聞いた」と冷たくあしらっていました。そんなとき祖母は決まって「あ、そうらったかね」と寂しそうにしていたものです。

カメバアみたいに、何度でも聞いてあげた

ら良かったと、今、思います。だから私も、たとえそれが何度か聞いた話であっても初めて聞くように耳を傾けようと心掛けています。相手は、主に酔っぱらいですけどね。酔うと何回でも同じ話をしますからね。でも、その人はその話が好きなんですよ！　その話ができたらご機嫌なんです。それが何より。それにきっと自分も、自分で気が付かないだけで同じ話を何度もしているはずなのです。「それ、この前も聞いたよ」と思いながら目の前でニコニコ聞いてくれている人が、きっと私にもあなたにもいるのです。

M やさしさに包まれたなら

荒井由実

アーメン

幼いころ、頭を鏡に映し、泣きながらつむじの辺りの髪の毛を必死にかきわけた思い出があります。何をしていたのかというと、悪魔の数字666を探していたのです。

ホラー映画「オーメン」に出てくる悪魔の子ダミアンは、頭に数字の6が3つ刻印されています。

あるとき、私の頭を触りながら叔母が「あっ」と言いました。そして「まり、ここに6があるよ！」と頭のてっぺんを指して言うのです。脅されて、泣きながら鏡に向かって髪をかきわけました。自分はダミアンと同じなんじゃないか、私は悪魔の子マリアン、どうしよう！ と。

その叔母にやがて娘と息子が生まれました。一人っ子の私は妹弟ができたと思って喜んでかわいがったつもりです。ところが、彼らが大きくなって親戚一同が集まった席で、2人が言うのです。「小さいころ、まりちゃんに人形で脅されたよね。怖かったよね」と。

それはタイかインドネシアの派手な衣装を身にまとった片手サイズの女性の人形で、特徴は頭の先端が鋭く尖っていたこと。その人形を手に私は2人に説明したそうです。

「これは名を『ビチの王女様』とおっしゃる。この先端でお尻を刺されると、お腹が下るのである」と。そしてちょっとでも私に逆らうとその人形を持ち出して、お尻を刺そうと追い掛け回したらしいのです。「泣いて逃げたこともあったよ」と2人は口をそろえました。

つまり私は、叔母にされたことを、違う形でその子どもたちに返していたのです。

そして今、その2人のうちの姉の方に娘が生まれ、中学生になりました。この子を見ていて最近思います。もし私に子どもがいたら、今度はこの子に脅されるんだろうな。子どもがいなくて良かったなと。叔母の代から脈々と続いてきた脅しの歴史が、ここで断ち切られるのは良いことかもしれません。

ところが先日恐ろしいことが起きました。家にこの子が遊びにきたとき、私の将来の話になったので「ずっと一人だったら私の面倒みてくれるよね！」と気軽に言ってみたところ彼女は肯定も否定もせず、困った様子でうつむいたのです。え？　ダメなの？　まさかでした。こんなに可愛がってるのに！　それはダミアンともビチの王女様とも比べものにならないほどの恐ろしさでした。

M 『オーメン』より「Ave Satani」
ジェリー・ゴールドスミス

甘えは許さん

今日こそは言わせてもらいます。

初対面で「私、人見知りなんです」と公言する人がいますよね。以前出席した合コンの、自己紹介の場面でも男性の一人が「俺、人見知りなんで」と言ってましたけど、は？　と思いましたよ。だから何？　どうしろと？

人間、ほとんどの人が人見知りです。私だってこんな仕事をしていますが、どちらかというと人見知りです。人に会うのがおっくうな時だってあるし、話が盛り上がるかな、嫌われたらイヤだなと心配になることもあります。

みんなそうでしょう。初対面は緊張するものです。でも、それなりに頑張るじゃないですか。少しでも爽やかに感じよくあいさつしたり、一生懸命話を聞いたり、コミュニケーションを図ろうとするじゃないですか。そのような状況の中で「人見知りです」と宣言するのは、甘え以外の何者でもないと思うのです。合コンなんて場だったら、じゃあ何で来たの？　って話ですよ。

誰かにそれを言われると周りが倍、頑張らないといけなくなります。人見知りだと宣言した人は、昔の鬼ごっこの無視の子みたいな扱いになります。年が小さい子は鬼に捕まっても、見逃してもらえるという特別ルールがありませんでしたか？　それは大きい子も小さい子もみんなで楽しむための工夫でした。

人見知り宣言者は、ハンデを自分で設ける行為です。そんな人も含めてみんなで楽しむみんな努力してます！　だから君も頑張れ！

M　甘えん坊将軍

レキシ

ために周りは気を使うし、優しい友達は、その人の良いところをわざわざみんなに話してあげたりします。人見知りだから面白い話も期待されません。悔しいのは、そんな、人見知り宣言した人が面白い話をしようものなら、大盛り上がりで拍手喝采になることです。人見知りって言っているけれど親しみやすい一面もあるんだという、ギャップマジックがここで効くのです。

　大人数が集う会で、意中の人と2人きりで話す時に「実はね、私、人見知りなんだ」とその人だけにそっと告げるのはいいのです。それはちょっとしたテクニックです。ダメなのは、みんなの前で、さも当然の権利のように堂々と宣言することです。もう一度言います。人間、みんな少なからず人見知り！　でも、

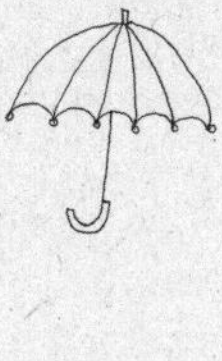

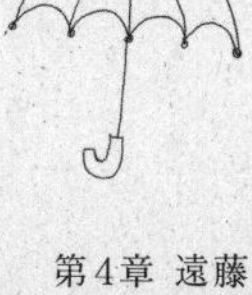

パタパタ坊や

同じマンションに住む「パタパタ坊や」のお話をします。

坊やの存在に気が付いたのは、何年か前の夏の夜でした。ベッドでうとうとしていると、廊下をパタパタパタと走って行く小さな足音がします。時計を見ると、子どもが起きているには遅い時間。しかも、その日だけではなく、毎晩ほぼ同じ時刻に聞こえるのです。しかもその足音は行ったきりで戻ってくる気配がありません。興味が湧いて、ある夜確かめることにしました。

いつもの時間にしっかりと起きて耳を澄ませているとパタパタパタ…と渡り廊下を駆け抜ける足音。抜き足差し足で玄関まで行きそっとドアからのぞいてみると、通路を行く男性のうしろ姿があり、その腰の両脇から、かわいい細い足がぴょこんととび出しています。坊やの足です。これで合点がいきました。毎晩聞こえたパタパタは坊やがパパを迎えにいく足音で、なぜ帰りのパタパタが聞こえなかったかというと、大好きなパパに抱っこされて家まで戻っていたからだったのです。

それが私とパタパタ坊やの出会いです。やがてあいさつを交わすようになり「お仕事頑張ってね」と優しい言葉まで掛けてくれるようになりました。妹も生まれ、冬は小さなスコップで、雪かきの手伝いをする姿も見掛けました。

先日マンションに帰ると、駐車場でパタパタ坊やが補助輪なしの自転車にまたがっていました。パパに「ほら、進め」と声を掛けられても、首をかしげてニコニコするばかり。「頑張れ！」と励まされても、もじもじしてこぎ出そうとしません。思わず私も「しっかり！」と声を掛けました。

　坊や家族とはただのご近所、しかも賃貸マンションです。この先、私はあの子たちの制服姿や、成人式の晴れ姿を見ることはおそらくできないでしょう。そればかりか、彼が大人になったとき、近所にきれいなお姉さんがいたことを覚えていてはくれないでしょう。でも、それでもいい。今のまま、素直なままですくすくと大きくなってくれることを祈りながら、私は税金を払い続けよう。子ども手当が復活しても、文句は言わない。ただ、パタパタ坊やが得意げな顔で、補助輪なしの自転車を元気にこぐ姿が見られたら。今はそれがとても楽しみです。

M　真昼の子供たち
GRAPEVINE

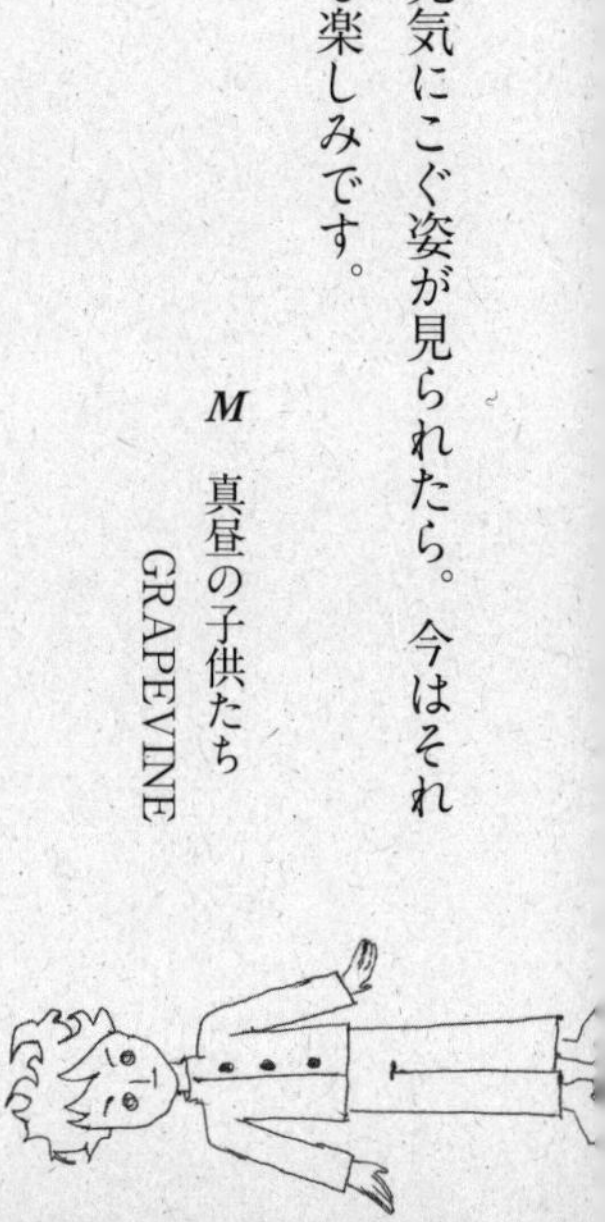

青柳ちとせ

ある所から、未納金があるからお支払いくださいと請求書が送られてきました。心あたりがなかったので電話で問い合わせると窓口が変わったとのこと。

応対してくれたのは、青柳さんという女性で、今月から担当することになったとかで、まったく要領を得ませんでした。電話の向こうで「これから急いで確認します」という彼女、年のころは25歳くらいでしょうか。いったん電話を切って待つ間、彼女に関するこんな想像をしていました。

和歌山から上京して一人暮らしをしている彼女の名前は青柳ちとせ。毎朝、東急井の頭線の満員電車に揺られて出勤します。この間、バーゲンで買ったパンプスが合わず、右のかかとには靴ずれができました。

お昼は近くのコンビニで春雨スープとおにぎりを買って、休憩室で同僚とヒルナンデスを見ながら、たわいもないおしゃべりをして過ごします。テレビの画面をぼんやり眺めながら思い出すのは、この間同僚に連れて行かれた飲み会で出会った、証券会社に務める沢向さんのこと。今度2人で飲みに行こうと誘われましたが、ちとせは、もらった名刺のアドレスにまだ連絡をしていません。

ちとせには高校のころから付き合っていた、孝介という彼がいました。地元の大学を卒業して、ちとせは地元の信用金庫に、孝介はおじさんの経営する自動車整備工場に就職。きっとそのまま結婚して子供を産んで、

平凡に幸せに暮らすんだろうなと思っていました。

でもあるとき、ちとせはこの町を出てみようと思い立ちます。そして孝介に切り出しました。

「一緒に東京行かない？」「何言ってんだよ。東京に何があるんだよ」

「何もないよ。でも、この小さな町でこうして歳を取って死んでいくのかなって思って」「それのどこが悪い？　俺はこの町にいる。行くならお前一人で行け」

あっけない別れでした。

その日はお客さんから未納金に関する問い合わせの電話があって、一日その確認作業に終われ、すっかり夜遅くなりました。帰り道、空を見上げると、星がきれいだった和歌山のみかん畑の風景が思い出されて、ちとせは思わずつぶやきます。「わたし、これで良かったのかなあ」。右のかかとがズキンと痛みました。

そのとき、私の携帯電話が鳴りました。ちとせは、いいえ青柳さんは、こちらにミスがあったとわび、丁寧に説明してくれました。嫌みのひとつでも言ってやろうと思っていたのが、もうそんな気はなくなって、「こちらこそお手数おかけしました」と伝えていました。

ほっとする彼女に「ところで、下のお名前は何ですか？」と聞きたかったけれど、そのまま電話を切りました。

M

劇的妄想恋愛物語

THE COLLECTORS

誕生日を祝おう

飲み会の帰り道、ファストフード店に立ち寄りました。レジには何人か並んでいてテーブル席はほとんど埋まっています。

持ち帰りでお願いして待っている間、混雑した店内でひときわ明るい表情のはつらつとした女性に目が留まりました。カウンターの女性店員です。彼女はよく気が付く働き者でした。主にお客さん対応ですが、時と場合によって料理の補助もして、出来上がったものを袋に詰めてお客さんに渡す役割もしています。その手際の良さに感心しながら、ふとレジの上に目をやると、そこに、店員のつぶやきを書くメッセージボードがあって、「いらっしゃいませ、ありがとうございます」と、もう一言、「今日で私は21歳になりました」とあります。最後に名字が書いてあったので、もしやと彼女の名札を確認すると、どんぴしゃり。その日は彼女の誕生日だったのです。

そんな特別な大切な日に、あなたはこんな酔っぱらいにハンバーガーを提供するために、夜遅くまで一生懸命働いてくれているんだね、本当にありがとう。と思ったら、彼女が控えめに主張した、「21歳になりました」の文字が愛おしくてたまらなくなりました。

やがて、出来上がった品物を持って彼女がやって来ました。思わず「お誕生日おめでとう」と声を掛けると、彼女の顔がパアッと明るくなり「ありがとうございます」と嬉しそうに頭を下げました。

大人になると「祝う歳じゃないから」と自分

の誕生日を人に伝えることをしなくなります。でも、誕生日は、おめでとうと言われるほうだけでなく、言うほうもまた何だか幸せな気持ちになるものです。だから遠慮しないで、いくつになっても周りに言いふらしていっぱい祝ってもらいましょう。

M Happy Birthday

AL

褒めたい背中

先日、とある会合に呼んでいただき講演をしたのですが、その後の懇親会の席でのことです。「まりさん、いいお話をありがとうございました」と、主催者の方が声を掛けてくださいました。「ありがとうございます」と恐縮すると、「ほんとキレイでした」とおっしゃるので「え〜！そんなこと言われたことないですよ」とさらに恐縮すると、その男性は、大真面目に「後ろ姿が」とおっしゃいました。

確かに講演の最中、皆さんに背中を向けてホワイトボードに文字を書きました。顔を褒められようなんて思っていませんが、そんなあからさまにストレートに、「顔じゃないよ、背中背中」って言わなくていいじゃないですか。以前もこのコラムの中で、足の裏を褒められた話をしましたけど、なんで私って裏とか後ろとかなんでしょうね。

ところが先日、別の会合で飲んでいる最中、あるおじさまがこうおっしゃったのです。

「女は後ろ姿がきれいなのがいい。男だけじゃない。女も背中で語るんだよ」

考えてみると、すてきな背中をこれまでたくさん見てきました。誰の背中というより、その時の状況です。プレゼン資料を一生懸命作成する後輩の後ろ姿はたくましいし、行ってきます！と会社を出て行く営業マンの後ろ姿は頼もしい。まだ暗いうちに誰よりも早く起きて台所でお弁当を作るお母さんの後ろ姿はかっこいいし、ぎこちなく赤ちゃんを抱いてあやす新米パパさんの後ろ姿はとっても優しいはずです。

だけど私がこれまで見た後ろ姿で、ああいいなあと思ったのは、何かに失敗した時、うまくいかなかった時、壁にぶち当たっている時、とにかく苦悩している人の後ろ姿です。失敗した同僚に付き合って呑みに行った居酒屋でお手洗いから戻ってくると、彼女の後ろ姿が見える。その背中は、猫背で、重たい物を背負っているようで、何ともいえない味わいがあります。思わずポンとたたいて、何とかなるって！　と励ましたくなる背中。そんな背中が、自分を作っていくのだと思います。そんな背中ができる経験を積めるかどうかにかかっているとも言えます。

自分の背中だけは自分で眺めることができません。だからこそ、自分というものが正面以上に出る場所なのかもしれません。そう考えてみると、背中を褒められた私は、実はものすごく喜んでもいいのでは！　と、何事も前向きに捉えられる性格でほんと良かったです。

M 立ち上がれ
cutman-booche

そんなつもりは…

先日、今シーズン初めて、めでたく海に入りました。といっても、最初は入るつもりはなかったのです。ただ、濡れてもいいTシャツと、砂まみれになってもいい短パン姿で、着替えを持って出掛けただけです。入る気満々じゃないかと言われそうですが、本当に入るつもりはなかったのです。

初めは波打ち際で足をピチャピチャしながら水と戯れていたのですが、きれいな貝殻を見つけてしゃがみこんだ瞬間、思いがけず襲ってきた高い波が私の短パンを濡らし、やがてパンツも波をかぶりました。そんなつもりないのに、まだダメと思いながらも、私はどんどん海の中に引き込まれ、気が付くと胸までつかっていました。

これは何かに似ています。そう、恋の始りです。そんなつもりはなかったと言いつつ、ちょっと準備はしてあった。とはいえ、さすがにそこまでは、と思っていたのは嘘じゃないんだけど、気が付くとさらわれていた。さらわれるのをどこかで期待していた。波に翻《ほん》弄《ろう》されながら漂ううちに、足をくじいて痛めたのですが、そんな風に、怪我をするあたりも恋に似ています。

高校生だった夏、浜茶屋で一緒にアルバイトをしていた男の子がいました。お風呂掃除や布団上げなど、力仕事は何でも引き受けてくれる優しい人でした。

あるとき2人で、いつものように2階の客室の掃除を済ませたあと、窓から身を乗り出して海を眺めて話をしました。芸能人で誰が好きかとか、高校を出たらどうするとか、恋の始まりを予感しながら胸はときめいていました。そこに、突然「おーい！」と呼ぶ声が聞こえました。窓の下を見ると髪の長いかわいい女の子がニコニコと手を振っています。「誰？」と彼に聞くと「あいつは3軒隣の浜茶屋でバイトしてる、俺の彼女」……　なんだ、彼女、いたんだ。

　あの時は、まだきれいな貝殻を見つけた段階で、パンツは波をかぶっていませんでした。胸までつかる前に分かって本当に良かった。溺れて大惨事になる前で本当に助かった。

　今シーズン初めての海につかりながら、ゆらゆらとそんなことを思い出していました。

M
波よせて
クラムボン

長岡花火

高校3年生の時、初めて長岡花火を見ました。長岡の友人と、彼女が連れてきた男友達と3人。初対面の彼はシャイで目も合わせなかったけれど、混雑の中、はぐれそうになったとき、黙って手を差し伸べてくれました。

私たちはそれからたまに電話をする仲になり、高校卒業と同時に、東京に出ました。彼は忌野清志郎に憧れていて、ミュージシャンを目指しての上京でした。

急に電話がかかってきたのは、それからしばらくたった日のことです。

「今日、隅田川の花火大会があるんだけど、暇ならどうかと思って」

そうして私たちはまた一緒に花火を見ました。東京に出てきて3カ月。近くで見つけたおいしいお店のこと、新しくできた友達のこと、止まらない私のおしゃべりを、彼はうんうんと微笑んで聞いてくれました。久しぶりに新潟の人と新潟の言葉で話すのは何ともいえない安心感で、このまま時間が止まったらいいのに、花火が少しでも長く上がっているようにと願いました。

だけど…と、そのとき思いました。もしかしたら、それは新潟の人だから嬉しいんじゃなくて彼とだから嬉しいのかな。長岡花火で初めて手をつないだあの時から、もしかしたら、私…。

急に黙り込んだ私に「どうかした？」と声を掛ける彼。そのとき大きな音とともにひときわ大きな花火が上がり、私はこの気持ちを伝

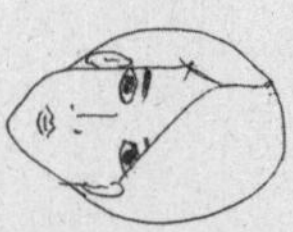

えようと決心しました。

「あの」と同時に「俺さ」と彼。

「あ、なに？」

「ううん。先にいいよ、どうしたの？」と私。

「俺さ、バンド組むメンバーが決まったんだよ」

「え〜！　やったじゃん！」

「そう、やっとだよ。もう毎日曲作るので大変でさー。でもすっごい充実感。これからだよ。で、まりちゃん、言いかけたのは？」

「あ、えーと。なんか喉が渇いた」

「そっか、じゃあ飲み物買いに行くか」

パンパンとお尻についた草を払い、私たちは花火を見ながら歩いて、いつの間にか自然に、どちらからともなく手をつなぎました。

「ねえ、ライブやるとき、絶対教えてね！」


好きの代わりに伝えた言葉に、彼は本当に嬉しそうに笑って大きくうなずきました。

…というのは途中からうっそ〜！

さあ、どこからが妄想でしょう。

***M*君って**
西野カナ

こうなる他に

あなたには、自分の人生を振り返ることがありますか？

私は真夏の暑い日に、クーラーもつけず汗をダラダラ流しながらそんなことを考えるのが好きなんです。先日もやってみました。そうして思ったのは「この仕事しかやってこなかったな」ということです。モーニング　ゲートを担当して14年。わあーい！　って全速力で走り回っていて、気が付いたら14年経っていたという感じです。楽しくて、楽しければそれでいい14年でした。人生設計なども全くしませんでした。何歳くらいまでには結婚して、子どもを産んで、貯金をしてなんて一切考えない成り行き任せの人生でした。これで良かったのかなとたまに思ったりもしますが、実はこの間、これで良かったのかというより、こうなる他になかったんだと実感する出来事がありました。

長い付き合いの、お世話になっているおじさまと話したときです。「結婚の予定はないの？」と聞かれました。今までも先輩とか、知り合いのじいちゃんばあちゃんからさんざん勧められてきた結婚。いろんな言葉で攻められました。「お母さんを安心させてあげなさいと」とか、「老後に一人はしんどいよ」とか「幸せは二倍、苦労は半分になるよ」など。そう言われて、「ですよね〜」と神妙な顔をしながらも、本当のところ、私の心がピクリとも動いたことは一度もありませんでした。

ところがです。「結婚の予定はない」と言い切った私に、そのおじさまが言ったのです。「そろそろ今のキャラに飽きたんじゃない？　新しいバージョンの麻理さんも見てみたいな。結婚、ネタだよ、ネタ」。

そう言われて私、初めて、えっ？　と思ったのです。結婚がネタになる…そうか！　と。だって私が結婚したら、モーゲー的にはかなりのニュースになるでしょ。モーゲーの中だけですけど。最近、ラジオの前の皆さん、私が変なことを言ってもやっても、ちょっとのことでは反応しなくなってますよね。あーまたやってるよ、くらいにしか思ってないですよね。刺激を求める気持ちにブレーキはないのです。もっと、もっととなるのです。皆さんが今後反応してくれるのは、あの「割烹《かっぽう》きんまた」の、「ま」と「た」を逆にして読んだ事件以上のことでしょ。だったらよーし、一発ここらで結婚もありか〜！　なんてね、一瞬でも思ってしまったのです。

何を言われても動くことがなかった心が、「ネタだよ」と言われてあっさり動いた。その後で思いました。これは重症だと。プライベートのとても大事な決断さえも、私にとってはネタでしかないのだと気付いたのです。

私の人生、これで良かったのかな、じゃないんです。こうなる以外に道はなかった。それが分かったとき、いい意味で、いろんなことを諦められました。

M　Are You Gonna Go My Way　Lenny Kravitz

野伏《のぶし》

皆さん、野伏《のぶし》って何だかご存じですか？

先日、「背筋が寒くなるお化け屋敷ランキング」をお送りしましたが、スタッフが作った原稿の中に、その野伏はいました。なんでもお化け屋敷に潜んでいて、訪れる人を驚かすのだとか。打ち合わせでは、スタッフが原稿を読みながら内容を説明していくのですが、聞いたことのない言葉だったので、「野伏ってなに？」と尋ねました。

素早く立ち上がってパソコンに向かい、「野伏」を調べ始めたスタッフ。そうしてしばらくカタカタやっていて、打ち合わせのテーブルに戻ってきた彼は得意満面の表情で言いました。「野伏とは、落ち武者を狩る武装した農民のことです」。そのとき、私を含めた残りのメンバーの頭の中は、おそらく同じだったと思います。ん？　落ち武者を狩る？　武装した…？　するとまた彼が変わらぬ表情で言うのです。「野伏とは、落ち武者を狩る武装した農民のことです」

「あ、うん」。そう返事をしたのはいいのですが、まだ私の脳内では、それが完全に変換理解されておらず、落ち武者を思い浮かべている段階でした。するとまた彼が全く変わらぬ無表情で、「野伏とは、落ち武者を狩る武装した農民の…」。そこでたまらずディレクターが「わーかったよ！　お前、3回言っても情報が全然変わってないじゃないか！」と叫びました。きょとんとする彼。このままいつまでも野伏に関わっていられないので、そ

れぞれがオンエアまでの準備に入りました。誰もが野伏のことなど忘れていた、そのときです。彼がトコトコと私の元へやってきて、こう言いました。「野伏とは、落ち武者を狩る武装した農民のことです」

　すると遠くのテーブルでそれを聞いていたディレクターが「お前、また同じこと！」と叫ぶものだから、もうおかしくておかしくて。結局、実際のオンエアでは野伏はカットされました。コントかと思いました。野伏を調べた彼は大真面目なのです。いやー笑いました。

　私が言いたいのは、彼の仕事ぶりがどうのということではなく、笑うって本当にいいことだなあということです。一瞬で人の心を明るくします。これが、番組に反映されるのです。日々、同じことを繰り返しているからこそ、その日常にはクスリとした笑いが必要です。この一件があってから、彼は「スタッフ野伏」と呼ばれることになります。

　皆さん、これからの人生に全く役に立たないと思いますが、野伏とは、落ち武者を狩る武装した農民のことです。

M Let's Go Crazy
PRINCE

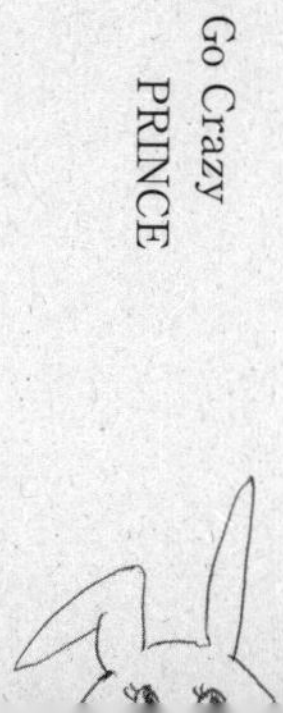

富士山に学んだこと

張り切って挑戦した人生初の富士登山。登頂は果たしたものの下りで転倒し、メンバーに負ぶわれての下山となりました。一人で登った気になっていた山でしたが、そうして人のお世話になって初めて、チームを意識しました。自分一人で成し遂げられることなんて、この世に滅多にない。いいえ、一人で成し遂げたと思っても、必ず誰かに助けられているものなのだと、負ぶわれた背中で考えていました。途中、すれ違う人が掛けてくれた言葉も胸に残っています。

「背負うほうも大変だけど、背負われるほうも辛いよな。どっちも頑張れ!」

こういったことを身をもって体験しないと分からない愚かな私を、あの富士山の九合目でつまずかせた小さな岩は、ずっと前から待っていたような気さえします。

帰ってからメンバー全員に詫び状を送りました。後日、そのうちの一人から、丁寧なお便りをいただきました。

「遠藤さん、傷の具合はいかがでしょうか?この度は、ご丁寧にありがとうございます。ただ一点、お手紙の中で気になったことがありました。それは、遠藤さんが怪我をして、皆さんの登山を台無しにしたと書かれていたことです。そんなことはありません。緊急時の応急措置、人を担いで下山する方法などは、参加者全員が非常に良い勉強になったかと思います。また、全員無事に生きて帰ってこられた達成感は素晴らしいものです。

山は一期一会です。その時の気象条件、パーティー、コンディションでいかようにも変わります。天気が悪くて登れなくても、体調が悪くて下山しても、それも登山です。ハプニングがあっても、それも登山です。たとえ頂上が踏めなかったとしても、9合目まで登れたとか、手前のピークまで行けたとかいった経験がベンチマーク、基準となり、次に繋がる一歩となるのです。今回、富士山の頂上に立てたこと、それは紛れもなく遠藤さんの実力です。良い登山でした。ありがとうございました」

嫌な顔ひとつせず、励ましながら、時には冗談を言いながら、私を負ぶって下りてくれた年下の彼。彼自身も、これまでの登山や仕事や人間関係で失敗をして、それを乗り越えてきたのでしょう。

「経験が基準となり、次に繋がる一歩になる」

彼のくれた言葉は、今も私の宝物です。

M Ain't No Mountain High Enough
DIANA ROSS

始まりは朝寝坊

ついてないことってありますよね。

始まりは朝寝坊でした。時計を見たらもう出る時間。大慌てで支度して家を飛び出しました。ビルの入り口に到着し急いでカバンの中の財布を探すと…あれ？　ない！　これが何を意味しているかというと、FMポートのスタジオがあるコズミックスビルに入ることができないことを意味します。なぜなら、財布の中にビルのカードキーが入っているからです。仕方ない、スタッフに電話して中から開けてもらおう。そう思ってまたもやカバンを探ると、携帯電話も見つかりません。電話もできない、どうしよう。ふと顔をあげると、横断歩道を渡った先に公衆電話がありました。一目散に向かったはいいですが、そもそも財布がないわけで、ということはお金がない！

さあどうしようか。まず考えたのが、3階のスタジオまでよじ登ろうかということ。次に思いついたのが、3階に届くように叫んでみようかということ。でもどちらも現実的ではありません。そしてようやく思いついたのが、道行く人に事情を話して、携帯電話を借りようということです。早速、見つけた自転車の男性に「すみませーん！」と呼びかけましたがスーッと行ってしまいました。

続いて30代前半の若いサラリーマン風の男性をがっちり捕まえてお願いすると「ぼく携帯持ってないんです」とそっけない返事。どう見てもサラリーマンですよね、仕事で使い寝坊にはお気をつけ遊ばせ。

M
HELP!
THE BEATLES

ますよね。持ってるんでしょ、早く出してください よ、と心で叫びつつ「あ、そうですか、すみませんでした」と引き下がりました。彼も行ってしまいました。

その時、バス停留所でバスを待つ一人の男性を発見しました。携帯電話を貸してほしいと伝えると「トラブルがあるとイヤなので」と言います。もうその時点で半べそです。しかし、この方は優しかった。「じゃあこれで公衆電話からかけたらいいですよ」と、100円をくれたのです。その100円で局に電話をすることができ一件落着。スタッフに借りて、男性に返しに行きました。

何があってもだいたい何とかなるさで生きていますが、この朝だけは久しぶりに、詰んだな、と思いました。皆さまもくれぐれもお

ビーロはヒーロー

この間、家で呑んでいた時のことです。6缶パックのパッケージに、「ビールと間違えるほどのうまさ」というキャッチフレーズを見つけました。そのとき私が呑んでいたのはビールではなく、いわゆる第3のビールと呼ばれている種類のものでした。「ビールと間違えるほどのうまさ」…。うん、確かにまるでビールだ。そしてうまい。しかし待てよ。

酒造各社が企業努力を重ねた結果、より低価格で手に入る、ビールと同じような味わいの発泡酒が生まれ、その後、第3のビールも開発されました。そのおかげでわれわれ庶民は、景気が厳しい現在も、日々の活力源である晩酌を、どうにかこうにか続けられているのです。とはいえ、ビールが大好きな私は初めてそれを買い物かごに入れた時、手が震え、敗北感を感じました。しばらくの間は、「ビールが好きです。でもいつも呑んでいるのは第3ですけどね」なんて、自虐的に口にしたものです。しかし、その後、第3のビールの味は飛躍的な進化を遂げました。そして今や、これでいいではなく、これがいいと言えるものにまでなったのです。つまり、もはやビールが買えない人が買う物ではなく、われわれは、第3のビールを選んで買っているのです。おいしいのです。

そこにきて「ビールと間違えるほどのうまさ」って、本当はビールが呑みたいみたいじゃないですか。よくよく考えてみると、「第3の」という呼称自体が間違いだったのではないで

しょうか。調べてみると、この呼び名はマスコミが作った言葉のようです。すっかり私も踊らされていましたが、第3なんて言うからいけない。そもそもビールじゃないのですから。発泡酒のように、きちんと独立した名前をつけるべきです。

そこでいろいろと考えてみました。「まるでビールのような」ではなく、「もはやビールを超えた味わい」という意味を込めて、「超ビール」というのはどうでしょう。「はー疲れた、超ビール呑みたい」。しかしこれだと、「超、ビールが呑みたい」のか、「超ビール」が呑みたいのかがあいまいになってしまうので却下。そこで、ここは気楽に「ルービー」と呼ぶのはいかがでしょう。「おい母さん、ルービーどこ行った?」「あの人は確かフィリピンに帰ったんじゃないかしら」「おいおい、それはルビーモレノだろ」。と、このようにルービー間違いが起きてしまう恐れがあるので、これも却下。

そこでモーニングゲートでは、これに決定します。その名も「ビーロ」。「ビール」のルからレを経てロに落ち着く。発泡酒を経て誕生した「ビーロ」そのものです。私たちのお財布を救ってくれる、ビーロはまさにヒーロー！今日も一日頑張って、おいしいビーロを呑みましょう！

M VOLARE (Nel Blu Di Pinto Di Blu)　Gipsy Kings

見知らぬ世界

東京の友人がこんなことを言いました。「うちの子が通っているプリスクールで、ポットラックパーティーがあったから行ってきたよ」。この一文で私が理解できたのは「うちの子と行って来た」ということだけでした。プリスクールって何だ？　ポットラックパーティーって何だ？　肝心なところが分かりません。

彼女は私にいろいろなことを教えてくれました。例えばサツマイモと豆乳のモンブランを出す田園調布にあるお店のこと。写真を見たら美しく盛り付けてあって、とってもおいしそう。でも驚いたのは、それが犬用だということです。ちなみに私が当時はまっていたのは新潟県庁の食堂の定食で４５０円でした。犬より30円高いものを食べて喜んでいたわけです。

さて、冒頭のプリスクールのポットラックパーティーに話を戻します。まずプリスクールというのは、英語環境で保育・教育を行っている保育園、幼稚園のことで、ネーティブの先生たちと一緒に自然に英語を身に付けることができるそうです。

彼女の子どもは1歳です。「日本語もままならないのに何やってんの？」と私はもちろん言いますが「まあ試しにだよ」とのことです。

次にポットラックパーティーですが、これはアメリカなどでは日常的に行われているホームパーティーだそうです。ポットラックとは、有り合わせの料理を食べるという意味で、ポットラックパーティーではホストが料理を用意するのではなく、参加者がそれぞれ料理を持ち寄ってみんなで楽しむのだそうです。

　プリスクールのポットラックパーティーということは、私に言わせれば二重の苦痛です。まず子どもと一緒に参加するのですから、親も英語を強いられる。そして、料理を作って持って行かなければならない。いつもの晩酌で食べている冷ややっこだの、ちくわの穴にキュウリを詰めたものというわけにはいきません。キュウリの代わりにチーズを詰めたって、梅を詰めたってダメです。

　そんな彼女に「何やってんの？　よく行くね」と私は言います。彼女も料理は悩んだそうで、結局サンドイッチを作って持って行ったそうです。他の人はピカタだのキッシュだのを持ってきたといいます。どうやって作るの、それ…。ちくわはなかったそうです。

　ランチタイムもオール英語。他のママたちはほとんどペラペラで、びっくりしたということでした。私にはおそらく一生縁のない世界です。

M HORIZON　UA

スタッフコラムⅦ

野伏《のぶし》からの手紙

皆さん、お久しぶりです。モーニングゲートの元スタッフ、野伏《のぶし》です。2017年春、惜しまれながらも本業に戻りました。現在は本業の〝落ち武者を狩る武装した農民〟として、鍛錬を重ねています。

懐かしのモーニングゲート。週明けの朝はスタッフ全員で麻理さんの機嫌を取っていたのを思い出します。「週末のイベント、盛り上がったらしいですね！　行きたかったなぁ」、「キャンディー買ってきました！　麻理さんいかがですか？」。週明けのフロアにはこんな声が飛び交います。皆で麻理さんの顔色をうかがうのです。

またスタッフは麻理さんの手を煩わせません。原稿を落として、「あ～」とスタッフに聞こえるよう、わざとらしく振る舞う麻理さん。スタッフは遠くにいても拾いに駆けつけなければなりません。駆けつけなければ強烈な視線が飛んできます（通称：殺し屋の視線）。

その視線に耐えられる者のみが「駆けつけない」という選択肢を選ぶことができます。

これだけでは「悪人みたいじゃない！」と言われそうなので、麻理さんのいいところを列挙します。「素直（面白くないものは面白くないと正直に言う）」、「感謝の気持ちをきちんと伝えるときもある」、「ケガをしたスタッフに『大丈夫？』と声を掛ける」、「（頂き物の）お菓子などをスタッフに分け与えて、お返しを待つ」、「お腹を空かしたスタッフのために、食品をわざと残す」、「スタッフに洗い物を教えるため、マグカップの洗浄を怠る」、「スタッフに雨の素晴らしさを教えるため、スタッフの傘を拝借する、そして返さない」

ともあれ、モーニングゲートは麻理さんをはじめ、多くの変わったスタッフが一体となり番組をつくっています。これからも何十年も続くであろうモーニングゲート。がんばれ！　モーニングゲート。負けるなスタッフ！

「スタッフ野伏」こと石田将人

スタッフコラムⅧ

意味のない事に意味がある

こんにちは。スタッフ岡田です。僕がモーニングゲートのスタッフを担当していたのは、かれこれ4年ほど前になります。当時を振り返って、印象深かったことをお話しします。

ある日の番組終了後、スタッフルームにいると、突然、遠藤麻理さんから「ちょっとアンタ、これどう思う？」と声を掛けられた。遠藤さんの手には携帯電話が。画面にはなにやら女性の写真が映っていたようだが、全体的にボヤっとしていて、よく分からない。

正直に聞いた。「なんですかこれ？」。彼女はニヤリと笑い、そして一言。「どれだけリアルな心霊写真をつくれるか実験していたの。どう、すごいでしょ!?」

確かに写真は真っ暗な部屋を這いずり回る幽霊に見えなくもない。そして、よく見るとその幽霊のように見える人影は、遠藤麻理さんそのものだった。

あっけにとられ、そして言葉を失った。「この人はプライベートな時間を使い、一体何をやっているのか…」。当時の時点で、遠藤さんは既に妙齢の自立した女性。そんな人が家で一人、全力で心霊写真の撮り方を実験しているのである。自分を幽霊に見立てながら。全くもって嘆かわしい…。

と同時に、ここに彼女らしさを見た。無駄という言葉以外見つけることができない、他人から見れば意味のない事に全力で取り組むのが遠藤麻理という人なのである。それが笑いとなるか、笑われるだけとなるかなど、当人にとってはどうでもいいことなのだ。

そんな彼女がナビゲーターを務めるモーニングゲートだからこそ、今日まで続き、こうして書籍の刊行にまでこぎ付けられたのだろう。

これからも遠藤さんの無駄を遠くから見守りたい。

「スタッフ岡田」こと岡田和也

常連えこひいき反対

芸能人が行きつけの店を紹介するテレビ番組を見ていて、どうなんだろうと思うことがあります。それは、常連客だけに「裏メニュー」なる、一般の客が知らない料理を出す店があることです。

先日見たその「裏メニュー」は、特上の牛ヒレステーキでした。それを食べるには、何回か通って店主に顔を覚えてもらわなければなりません。そもそも、スタンプカードがあるわけじゃないし、何回からが常連なのでしょうか。何回通ったって覚えてもらえない場合もあります。

例えば私の行きつけの銭湯。そこのおばあちゃんとは、毎回あいさつを交わしているのに、行くたびに「初めて？　お湯につかる時はね」と説明してくれます。いつまでたっても私はそこの常連になれません（まあ、そのやり取りが結構好きなんですけどね）。

飲食店だって、何回通っても存在感が薄いために、いつまでも常連になれないお客さんがいるかもしれません。

お店側の、いつも通ってくれるお客さんに感謝したいという気持ちは分かりますが、それは接客とか言葉とか、そういうもので伝えれば十分なのではないでしょうか。せめて料理に関してはお客全員に平等であってほしいです。

私にも常連というほどではないですが、気に入ってよく行くレストランがあります。料理が美味《おい》しいのはもちろん、接客が素晴らしいのです。飲み物がなくなりそうになると絶妙なタイミングで来てくれるので、声を張り上げる必要がないし、何といってもフロアの皆さんの感じがいいのです。

ある時、そこの女性社長に「どんなふうに教育されているんですか？」と聞いてみたことがあります。するとこうおっしゃいました。

「今日、あなたが接するお客さま一人一人が、特別な大切な日にお店にいらしていると思って接しなさいと言っているだけです。カップルのお客さまならば大事な初めてのデートかもしれないし、年配のご夫婦ならば結婚記念日のお祝いかもしれない。そんな想像力をもって、それを自分に置き換えて、自分がお客さまとして来たらどうしてほしいか、どんなふうにしてもらえたら嬉しいか、考えて行動するように言っているだけです」

特別なことをする必要はない。裏メニューなんて必要ないのです。これが本当のサービスだと思います。

M Anniversary
Tony! Toni! Toné!

また来るね

この間行った飛騨高山で、個性的な飲み屋に出会いました。町外れにポツンとある、ママの名前が付いた店。のれんをくぐると和服のママが一人、カウンターに立っていて、腰かけるやいなや「いらっしゃい。まずビールよね、ビール」と、嬉しそうに薦めてきました。黒板のメニューは、冷ややっこ、漬け物、鶏の砂肝炒め、油揚げ、おひたし、とそのくらい。

友人と二人、何にするかなあなんて言いながら瓶ビールを飲み始めたのですが、視線を感じて顔を上げるとママがその瓶ビールをじーっと見ているのです。どうしたんだろう、疲れてるのかなと思っていたら無表情のまま「私にも一杯いただけないかしらね〜」と言います。「あ、すみません。気が付かなくて。もちろん！　一緒に飲みましょう」と慌てて注ごうとすると、待ってました！　とばかりに取り出したグラスが、私たちのものより一回りほど大きいグラス…というよりジョッキでした。

「かんぱ〜い」と口をつけた一杯目を一気に飲み干すと、テーブルにジョッキを置きました。何も言いませんが、その置き方で「はよ二杯目よこせ」と分かります。

結局三杯くらい飲んだところで「おつまみは？」と聞かれたので、お薦めを尋ねると、「今日はね、いい砂肝が手に入ったのよ」と言うのでそれをお願いしました。いい砂肝と聞けば、今日さばいた新鮮なものを仕入れたんだ

ろうなと思うじゃないですか。ところがママが取り出したのは、スーパーのパックに入った普通の鶏の砂肝で「お買い得」というシールが貼ってありました。いい砂肝って…お得なだけじゃん！　と思いましたよ。出来上がるとお皿に盛って出してくれたのですが、パックにあった量の半分しか盛られていません。あと半分はどこに？　と思ったら、自分の皿に盛って食べ始めているではありませんか。砂肝をつまみだしたらさらにビールのピッチも上がって、もうママのやりたい放題でした。

　そんなママが幾つかというと御歳84歳。肌つやもよくて、背筋もしゃんとして、図々しいし、きっと長生きできると思います。

　帰り際ママがポツリと言いました。「また来るねって言われるのが一番わたし嬉しいの」。「はい、また来ます。だからママ、ずっと元気でいてね」。そう言って支払った額のほとんどはママのビールと砂肝代でした。

M 強く儚い者たち　Cocco

ふさわしい場所

その場所に、風景のようになじんでいる人って、かっこいいですよね。例えばこの間行った東京は神保町の古書店街で見掛けた白髪の紳士。棚から右手の人さし指で本をスッと抜き取って丁寧にページをめくり、またスッと元あった場所に戻すという、一連の作業が熟練された職人のようでした。それに比べて私は、その古書店の「3冊まで１００円」の張り紙の前に立ち尽くし「これは3冊で１００円という意味なのか、それとも3冊まで1冊１００円なのか」と店主に尋ねることもできず何分も考え込んでいました。

あるいは、友人夫婦に初めて連れて行ってもらった築地市場のカウンターの寿司店でのこと。並んで待っていたのですが、素人の私と友人2人が先にお店に入ることになってしまいました。席に着き眼球だけ動かして素早く店内をチェックしましたが、メニューがないし値段も分かりません。そのうち「はい、ねえさんたち何から握りましょ！」なんて聞かれて、もじもじしていると、とうとう友人が意を決して「お…おま、おまかせします！」と叫びました。もう後には引けません。出てくるままに食べましたが、その間も箸で食べるのがいいのか手がいいのか、何かネタに塗ってあるけれど醤油もつけていいものか、分からないことだらけで全く味わえませんでした。一方、隣に座っていたおじさんは、景気の話などをしながら「アナゴとトリ貝」などとタイミングよく注文していて、うっとりし

ました。

そこで、私にもどこかぴったりな場所、ふさわしい場所はないものかなあと考えてみたのですが、あったのです。それは、東京タワーの中にある、ろう人形の館！

先日、同館を友人と無言で歩いていると、前方に小学生の姉妹がいました。2人はろう人形たちが怖いらしく、手を繋いでおどおどと歩いています。その後ろまで来て、私は友人に話し掛けました。「ところで、この中でひとつだけ生きている人形がいるんでしょう？ どれだろうね」と。すると妹の方が、ハッ！ と驚いた表情で振り返り、不安そうにお姉ちゃんを見上げました。友人も友人で「さっきのホーチミンじゃない？」と話に乗ってきます。


やがてのぞき穴が3つくらいある「拷《ごう》問の部屋」に着きました。姉妹が私たちの様子を見ているのを知っていて、私たちは穴をのぞき、「ギャー！」と声を上げました。確かにそこには恐ろしい光景が広がっていたのです。姉妹は私たちの後ろでしっかりと手を握り合ったまま口も聞けずにいます。

「のぞいてごらん」「拷問って知ってる？」。そう声を掛けながら促すと、恐る恐るのぞきこんだので、その瞬間「ワッ!!」と驚かせました…楽しかったなぁ。

ろう人形の館でなら、私も生き生きと輝ける気がします。

M 蝋人形の館
聖飢魔II

競輪のススメ

弥彦の菊まつりに出掛けたら、ちょうど弥彦競輪が開催中で、久しぶりに行ってみることにしました。

最近では女性客も増えおしゃれになった競馬場とは違い、競輪場はまだまだおじさまたちのパラダイスです。楽しみに来ている人はいません。みんな、ただただ本気で当てに来ているのです。グルメ屋台などという浮ついたものはなく薄いほうじ茶が無料で飲めるだけ。そして、何となく全体的に薄暗い雰囲気なのです。笑っている人もいません。眉間にしわを寄せた人ばかりです。でも、そこがいいのです。そういうところが、たまらないのです。中崎タツヤ、つげ義春、蛭子能収のマンガが好きな人は、きっと競輪場も好きだと思います。

レースは100円からできます。今回は2レースやりました。どちらも2車複といって車番で1着と2着の選手を的中させる車券です。2車単と違って、順番は逆でも構いません。難しいことはよく分からないので、選手の名前とピンときた番号を中心に、出身地と年齢を加味して選びました。

そしていよいよレースが始まります。ものすごく近いところで観戦できるので迫力は満点。選手たちがスタート地点に一直線に並ぶのですが、その時も手拍子とか、「うお〜!」と歓声が上がるような盛り上がりはありません。シーンとして緊張感がみなぎっています。その中で飛び交うのがおじさまたちの若干ヤジめいた激励です。

「ついていけよ！」「絶対離れんなよ！」。あるおじさんは、金網にしがみついて、すぐそこにいる選手に向かって「落ち着いて行けよ。大丈夫だから。まくりがなんたらかんたら…」とアドバイスしていました。監督かな？　と思いましたが、車券を握りしめていたので違いました。私も掛け声を発してみたかったけれど、新参者ですから遠慮しました。

レースが始まってもおじさまたちは、ああでもないこうでもない、だから言ったんだ、何やってんだ、おい！　だの、このやろ〜！だのブツブツ言い続けています。ずっとブツブツ言っているのです。

結局私は2レースとも外しましたが、十分満喫できました。車券の書き方を教えてくれる窓口もありますし、近くにいるおじさんにやり方を聞けば、きっと快く教えてくれてアドバイスもくれるでしょう。

競輪場には一体感があります。それは競馬場と変わりません。ただ、その一体感の空気の質が違うのです。競輪場に漂う馴れ合わない距離感と、本気さと、静寂が、私は好きです。

M 走る　長渕剛

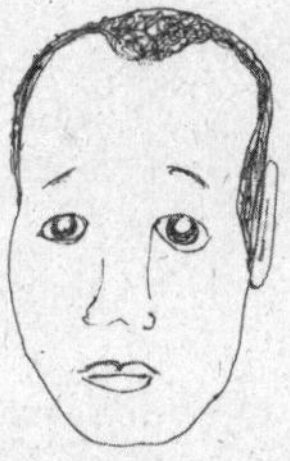

スマホが奪ったロマンス

携帯やスマホが普及したことによって、私たちがやらなくなったことがたくさんあります。よく言われるのは、待たなくなったということですが、先日街で、新たにそれを見つけて残念に思ったことがありました。

したたかに酔った20代の男女。タクシーをつかまえて女性が先に乗りました。そして当然その後、男性が乗ってくると思って奥に詰めました。ところが彼が、俺は乗らないというしぐさをしたのです。「え？ 一緒に帰らないの？」という表情の彼女。彼が運転手さんに向かって軽く会釈すると彼女だけを乗せたタクシーはゆっくりと動き始めました。すると直後、後悔したのか何なのか、彼が頭をガシガシとかきむしりました。「俺、なんで乗らなかった〜！」とでも言いたげに。「そうだよ、きみ。一緒に帰ろうって、言わなかったけど彼女は明らかにそういう表情だったでしょ。だめだよきみ、そこは一緒に乗らないと」と思って見ていました。

そのとき、奇跡が起こりました。発車して50メートルくらい行った先が赤信号で、タクシーが停止したのです。それを見た彼はチャンスとばかりにタクシーに向かって走り出しました。しかし、すぐにぴたっと止まり、取り出したのはスマホです。路肩に寄せられたタクシーに急ぐことなく追いついた彼を乗せて、2人はめでたく同じタクシーで帰っていきました。

そのとき、スマホのおかげで走らなくて済

代だけが感じるノスタルジアかもしれません
けどね。

M SAY YES
CHAGE & ASKA

んだのだと気付いたのです。好きな人の乗るタクシーを走って追うなんてこと、もうないのです。そんなことをしなくたって、スマホがありますから。すぐ電話して「やっぱり乗るからちょっと待ってて」と言えば済むのですから。何だか味気ないですよね。あの時、一瞬走り出した彼があのままタクシーの元へ本気で走ってたどり着き、息をきらせて窓をたたいて「やっぱ俺も乗る」と言ったら、ドラマチックだと思いませんか。彼女の嬉しい気持ちもきっと倍増だと思います。

　トラックの前に飛び出して「僕は死にましぇ〜ん」とか、どしゃ降りの中、飛び出した私を追い掛けて来て腕をつかみ「お前のことが好きやねや！」とかやってほしいのです。80年代のトレンディードラマでときめいた世

初デート

秋になると思い出す〜。今日は私にも確かにあった、初デートのお話です。

秋の初めの、涼しい風が吹き始めた頃でした。真夜中に家を抜け出して、神社で彼と待ち合わせ。静まり返った夜の街で月だけが見てたっけ。洋服は青と白のギンガムチェックのワンピース。西堀ローサを5往復して選んだものでした。でも、この日のために買ったと思われるのが照れくさくて、「これはもう何回も着ていて、ていうか普段着だし」という感じを出すために、それを着て畳の上を何回もごろごろと転がってユーズド感を出しました。

そして当日。まず夕方にお風呂に入って、髪と身体を念入りに2回ずつ洗いました。それはあくまでも身体をきれいにするための入浴で、夜にもう一度入ります。その時に何をするかというと、香り付けです。石けんを身体に付けたらしばらくそのままじっとしています。すると、自然なシャボンの香りが付きます。男子って、香水よりシャボンの香りが好きなんでしょ！　だって『Ｌｅｍｏｎ』に書いてあったもん！　髪の毛も、これは今考えると完全に間違っていますが、リンスをすすぎ切りませんでした。全部流すといい匂いが取れてしまうんじゃないかと思ったのです。結果、少しギトギトした頭で出掛けることになりました。

お風呂からあがって鏡に向かい、にっこり笑顔の練習。その頃は化粧品など持っていなかったので、色つきのリップクリームだけ丁寧に塗って、くしを持って出発です。待ち合わせの神社100メートル手前で立ち止まってゆっくり髪を整えて、その辺の家の植木鉢の脇にくしを置きました。そして、息を切らせている感じがかわいいと思い、あえてちょっと走っていきました。彼の元に着いたら、「ごめん！　待った？」と鏡で練習した通りの、とっておきの笑顔。ノックアウトだったろうな〜。

それから2人で時折ぽつりぽつりと、なんてことのない話をしながら、ただ夜の街を歩きました。手すら繋ぐこともなく。

よく知っているはずの生まれ育った街は、彼と二人きりで歩くと、どこか別の世界のように感じました。

夜と月と、ギトギトの髪、植木鉢の脇に置き忘れたくし。

デートというと、それが思い出です。

M 女たち

曽我部恵一ランデヴーバンド

でてます　でてます

女性が男性にときめく動作には共通点があります。

まず車をバックさせる時に助手席の後ろに腕を回す行為。また頭上の棚に手を伸ばしている時に男性が後ろからフォローする動作。背後からパソコン操作を指導される。頭をポンポンされる。スーツを羽織るしぐさと、脱ぐしぐさ。電車のつり革につかまる姿。そして壁ドンです。

お分かりになりましたか？　ひみつは、脇の下にあります。今挙げたどの行為も、脇の下が開けっぴろげの状態でのことなのです。男性の脇の下をなめてはいけません。そこからは、ものすごいフェロモンが出ているそうです。

男性の脇の下からは、アンドロステノンとアンドロステノールという物質類が見つかっていて、これを女性がかぐことで、代表的な女性ホルモンの一種、プロゲステロン、いわゆる黄体ホルモンの量が変化することが分かっています。プロゲステロンというのは、女性の月経周期をコントロールし、基礎体温を上昇させ、妊娠の維持、乳腺の形成などに欠かすことのできないホルモン。そんな女性の身体にとって重要なホルモンの量を左右する物質が、男性の脇の下から出ているとのこと。

車をバックさせるとき、高い所の物を取る時、背後から腕を伸ばしてのパソコン操作、そして壁ドン。その全ての動作の時、女性の鼻のすぐ近くには、男性の脇の下がありますよね？　頭ポンポン、スーツの着脱、その動作はフェロモンまき散らし行為に他なりません。つり革につかまる腕がすてきと言いますが、浮き出る血管がどうのこうのではないのです。脇からあふれ出るフェロモンにやられているのです。ということは、モテたい男性は脇下アピールをせよということです。

では、その効果的な方法をお教えしましょう。

まずはオフィスでできること。パソコンで書類作成をする際、両手を頭の後ろで組んで画面を見つめ「うーん」と悩みましょう。両脇全開です。

続いて、ディスコでできること。モテたかったらウキウキダンスで決まり！　両手でグーを作って脇を締めて、それをパタパタさせるダンスです。足元はボックスステップ。ジンギスカンのステップですよ！　これでもう全ての女性があなたのとりこです。

さあ、あなたも脇を生かして、脇役脱出！

M BANZAI
B'z

モモ&クズオへ

君たちがわが家にやって来たのは、寒い日曜の夕方。友人が持ってきた袋の中の暴れん坊、それがハサミにファーのようなモコモコをたっぷりつけた君たちモクズガニだった。

君たちの仲間を以前ゆでて食べた時から、その濃厚なみそのとりこになった私は、はじめは「わあ、おいしそう」としか、思わなかったよ。でも水を張ったクーラーボックスの中に入れると、不安そうな瞳でこちらをじっと見つめてきて…。その姿に少しだけ胸がキュンとした。そして一番してはいけないことを君たちにしたね。それは名前を付けること。生き物に名前を付けたら情がわく。いずれ殺して口に入れるつもりの君たちにそれだけはしてはいけないと、分かっていたはずなのに。

モクズガニだから、メスがモモで、オスがクズオ。名前を付けた後、魚肉ソーセージを与えるまで時間はかからなかった。「ただいま」とか「おやすみ」の声を掛けるようになったのも、この日から。

クズオが初めて私を威嚇したあの日のこと、覚えてる? 精一杯姿勢を高くしてハサミを持ち上げ、ブクブク泡を吐きながら必死に何かを訴えていたよね。おとなしかったモモだけど、ある時そーっとのぞいたら、クズオを踏み台にして脱走を企てていたね。

そんな君たちをどうするか。このまま飼うか、川に逃がすか、それともゆでて食べるのか。

クーラーボックスの中で寄り添う二人を眺

めながら、思い出したのは海のそばの魚屋でアルバイトした高校生のとき。稼いだ給料で、まだ生きている売れ残ったカニを買い、両手に抱えてかっぽう着と三角きん姿のまま堤防へ。「海へお帰り」と放ったあの夏の日。私ってなんて心が優しいのだろうとうっとりしたっけ。

そうだ、心は決まった。君たちを放とう…。鍋という名の海へ！　沸騰したお湯でひと思いにと考えたけれど、調べたらひもで縛って水からゆでるのだとか。

モモ、クズオ、命をありがとう。君たちは、おいしすぎるよ。

M

ワニと小鳥
木村カエラ

花マルマルゲリータ

ファミレスですてきな言葉に出合いました。私の後ろのボックス席に座った女の子2人組。聞こえてきた話から、一方の女の子に何かとても辛いことがあったようでした。ふいに沈黙が訪れた次の瞬間、その言葉が耳に届いたのです。

「でも良かった。笑ってくれてて良かった。辛いこともいっぱいあるけど、生きてるだけでいいんだよ。生きてるだけで、花マルマルゲリータだよ」

花マルマルゲリータ？　それ、どこかではやっているの？　誰が言ったせりふ？　と最初は思うだけでしたが、後からジワジワきたんです。そうだよな～、生きているだけで花マルマルゲリータだよな～と。

今週は「いい夫婦」の日、そして「いい夫妻の日」がありました。番組の中で皆さんに、旦那さま、奥さまに直してほしいことをお聞きしました。いろいろな要望があり、挙げればきりがありませんが、最後は「生きてさえいてくれたら」ではないですか？　身近で大切な人だからこそ多くを求めてしまう。だけど、生きているからこそ求められるのだということも忘れてはいけませんよね。

自分自身もそうです。何にもなくても、とりあえず命さえあればなんとかなるものです。

「花マルマルゲリータだよ」

そんな言葉を掛けてくれる友達を持つ女の子は、幸せですね。もう大丈夫、きっといいことがあるよと、私も心で祈りました。
今朝は、私からラジオの前の皆さんへ、彼女の言葉を借りて伝えましょう。
いろいろある毎日だけど、あなたは生きているだけで花マルマルマルゲリータだよ。

M STAY DREAM

長渕剛

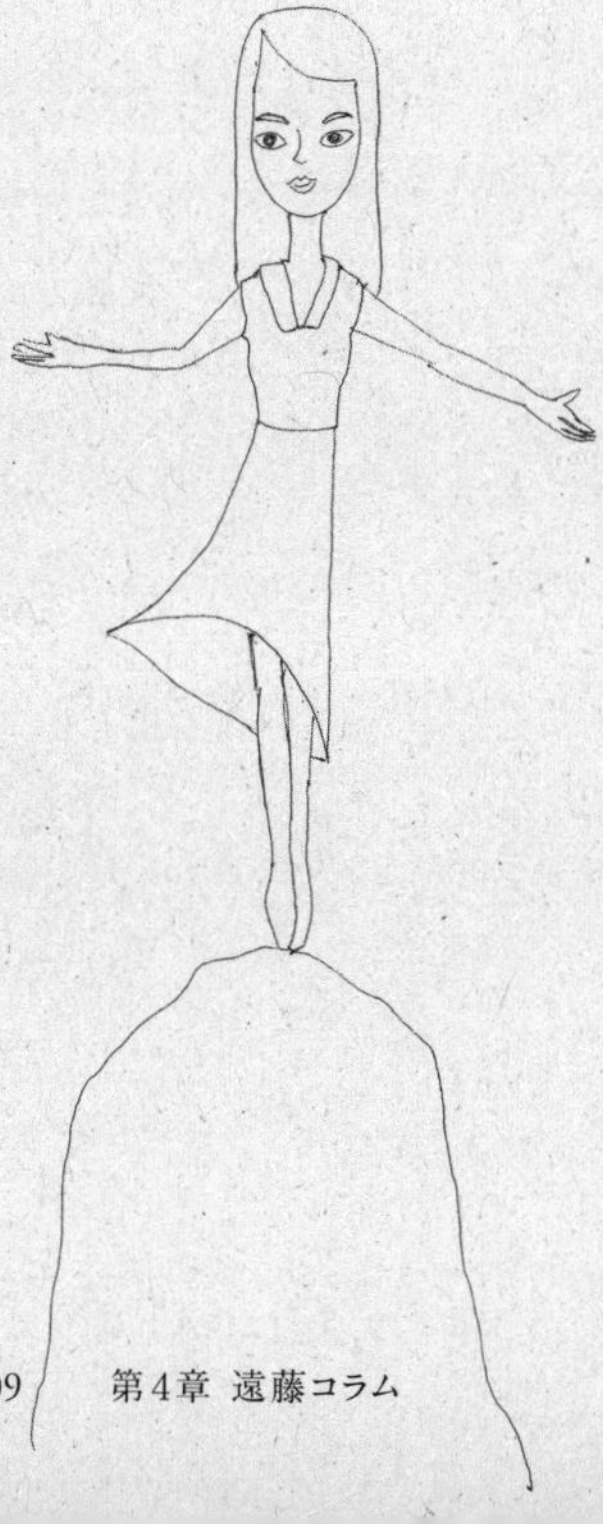

その気が大事

恋愛がしたいけど恋愛から遠ざかっている皆さん、いよいよ12月に入り、また来やがったこの季節と思っていらっしゃることでしょう。そんなあなたへすてきな恋の見つけ方を伝授します。

やみくもに出会い系パーティーに行ったり、友人に「紹介してよ攻撃」を仕掛けたりと、それもいいのですが、その前にすることがあります。

それは、自己努力です。といっても難しいことではありません。恋愛ものに触れまくればいいのです。昔はテレビをつければドラマをやっていて、そのほとんどが恋愛ものでした。歌謡曲も想像力をかき立てられるものが多かったように思います。私は脳内で何度、北ウイングから恋人を追って旅立ったか分かりません。そういったドラマや歌により、私たちはその気になり、自然と恋愛体質にさせられたのです。妄想でいいのです。その世界の主人公になったつもりでどっぷり浸り夢を見る、全てはそこからなのです。

例えば「こんな関係すてき」と思う理想のカップルが登場するドラマや映画を見まくる。例えば西野カナの「トリセツ」や「あなたの好きなところ」などを、イライラせずに聴きまくり、同じテンションに無理矢理にでも持っていく。自分の身に実際に起ったことでなくていいんです。その気になって脳を勘違いさせるのです。意識的な作り笑いでもα波が出て、そのうち本当に楽しくなってくるの

と一緒です。そしてその気になったら、婚活パーティーに繰り出すなり、友達に紹介してもらうなりすればいいんです。「いい人いないかな」なんて言ってないで、一人でできるこのような努力をまず行うことです。

大切なのは「その気」です。その気になって出掛けたら、きっと相手も見つかります。あなたの幸せを祈っています。

M あなたの好きなところ　西野カナ

師走のいろエロ

師走に入り、街も慌ただしくなってきました。落ち着かない時季ですが、このウキウキそわそわした雰囲気が好きで、用もないのにショッピングセンターに出掛け、買い物をする人たちを眺めたりしています。今日はそんな師走の街で気になったことをいくつか。

パラパラとめくっていたファッション雑誌に「クリスマスランジェリー」という文字を見つけ、気になったので大型ショッピングセンターの下着専門店に行ってみると、それらしきランジェリーがありました。その様子は、細かく描写するよりも、擬態語で表した方が伝わると思います。ビラビラのレロレロ。もっと言うと、スッケスケのムッハムハなのですけど、あれは何ですか？　何をどうするためのものなのでしょうか。

そんなショッピングセンターでソファに座っていると、館内放送が入りました。「お客様に迷子のお知らせです。黒と赤のストライプのスニーカーに、茶色のズボン、黒いトレーナーを着た○○くんとおっしゃる男の子が、２階の総合案内でお待ちです。お心当たりのお母様はお迎えにお越しください」。ピンポンパンポーン。

この迷子のお知らせでいつも思うのですが、なぜ子どもに語らせないのでしょうか。本人に「ママー！」と一言叫ばせれば良いと思います。親というのは、何よりも聞き慣れたわが子の声に反応するものではないでしょうか？　バーゲンに夢中になっていたり、食品売り場で値引きシールが貼られる瞬間を待ち構えているときなどは、他のことは一切耳に入りません。そんな中で、何が親の耳を捉えるかといえば、わが子が自分を呼ぶ声。中でも切羽詰まった叫びです。なぜそれをさせないのでしょうか。

最後は、新幹線のチケットを買いにみどりの窓口に行ったときのことです。私の前にいたのは、スーツ姿で白髪交じりの50代から60代くらいの男性でした。窓口の女性はカチカチと機械に入力してこう言いました。「では窓際のお席をご用意いたします」。何だか心がシーンとしてしまいました。窓際の席という言葉から、窓際族を連想してしまうからです。そこは窓際ではなく、「窓側」ではいけなかったのでしょうか。男性はその言葉に傷つかなかったでしょうか。大丈夫でしょうか。

さて、今年もあとおよそ半月です。昨日コンビニで見掛けた優しい眼をした男の人は、もしかしてクリスマスランジェリーを買ったかもしれません。さっき萬代橋ですれ違ったパンツスーツのよく似合う女性は、ショッピングセンターで子どもを迷子にしたことがあるかもしれません。そしてそれぞれの窓際で、今年も一年踏ん張って生きた、私、あなた。何はともあれ、今年も新しい年を迎える準備ができることに感謝して、今日も一日心穏やかに参りましょう。

M Flowers In The Window
TRAVIS

しりとり創作劇場

紅葉狩りのシーズンですね。誰かと遠出して、車中で話が尽きた時、おすすめしたい遊びがあります。名付けて「しりとり創作劇場」。

やり方は簡単です。まず一人が、ひとつワードを出します。そこから、しりとりをしながら10個のワードを出します。出そろったら、その合計11個のワードを必ず使って、ひとつの物語を作り上げるのです。一見、何の脈絡もない言葉たちを繋げて作るストーリーは、普通にものを考えて作ったら決して生まれることのない、斬新なものになります。では、先日生まれたお話しをひとつ。

最初のワードは苗名滝《なえなたき》。そこからしりとりで、キック↓ 苦悩↓ ウズラ↓ ラッキー↓ 喫茶↓ 猿岩石↓ キリマンジャロ↓ 老婆↓ 薔薇《ばら》↓ ライオネス飛鳥 と繋ぎました。順番にとらわれず、このワードを全て使って物語を紡いでいきます。

タイトル「ライオネス飛鳥の復活」。

猿岩石の有吉がテレビで言っていた。「ライオネス飛鳥はもう終わった」と。飛鳥は思い出しては深いため息をつく。そう、私はかつて女子プロ界のスターだった。でも今は…。「人の人生ほっといてくれ」、そう有吉に向かって悪態をついてみたものの、心にわだかまりが残ったのも事実だった。飛鳥は今、妙高、苗名滝で、リングに復活するため日々修行に励んでいる。落差50mを越える滝の下で、水しぶきに向かってキックを繰り返す苦悩の日々。もう半年にもなる。有吉を、そして私

を忘れかけている世間を見返すのだという想いだけが、飛鳥を支えていた。

そんな飛鳥の唯一の楽しみは、トレーニングのあと、滝へと続く遊歩道の入り口に立つ小さな喫茶で、一杯のキリマンジャロを楽しむことだった。腰の曲がった老婆がひっそりと経営している、その喫茶で飲む一杯のコーヒーは、飛鳥の冷えきった身体と心を芯から温めてくれるのだった。その日も、いつもの窓辺に腰掛けてキリマンジャロを頼むと、コーヒーのいい香りがほんのりと漂ってきた。やがていつものようにお盆にのせられた小さなカップが運ばれてきたのだが、よく見ると、ソーサーの脇に、白い丸いものがちょこんと添えてある。目を凝らすとそれはツヤツヤ光るウズラの卵だった。「おばあちゃん、これ…」。飛鳥が顔を上げると、老婆はにっこりと微笑んで「いつも頑張ってるからね。ウズラの卵は栄養満点だ。これはおばあちゃんからのサービスだ」。ラッキーと思いつつ、その優しさに涙ぐむ飛鳥であった。

その時、飛鳥の胸に一曲の熱いソングが蘇った。それは、あのクラッシュギャルズ全盛期、千種とリングで歌った「炎の聖書—バイブル—」のフレーズ。♪マットが赤い薔薇に染まる瞬間! クラッシュファイト!

飛鳥は立ち上がり「おばあちゃん、ありがとう!」そう叫ぶと滝に向かって走り出した。沈みゆく真っ赤な太陽が、そんな飛鳥の背中を炎のように照らすのであった。おわり

M 炎の聖書—バイブル—
クラッシュギャルズ

スナックで学ぶ

ずっと気になっていたスナックにとうとう足を踏み入れました。店の名前や見た目からしていかにも上級者の店で、私のようなヒヨコが行くにはまだ早いと、ずっとしり込みしていたのですが、こんなことではいつまでたっても大人になれない！　と意を決して扉を開けました。

そこはカウンターが10席にも満たない小さな空間で、ほぼ満席。お客さんはみんな近所の人らしく、常連客が集う店といった雰囲気でした。

お店に入ってまず大事なのが「こんばんは。おじゃましていいですか？」と、ママだけでなく、その店にいる皆さんへのごあいさつです。このとき、「いーよいーよ！どーぞどーぞ！」と勧めてくれるのは、その中で最も力を持つお客さんです。この店の場合は、面倒見の良さそうな「ねえさん」と呼ばれるおばさまでした。

そこからはしばらく出しゃばらずに、その場の力関係と相関図をニコニコしながら観察します。すると、いじっていい人とか、触れてはいけない関係などが何となく把握できてきます。こういう店で一番怖いのは、地雷を踏むことですからね。

そうこうしていると、そのうち誰かが声を掛けてくれます。注ぎつ注がれつの幕明けですが、ここでまた大事なのが、何でもなるべく断らないことです。注がれるお酒も、すすめられる食べ物も、なるべく拒まず受け入れ

る。今回私に訪れたその試練は、デュエットでした。来るぞ来るぞ〜と思っていたその時、案の定「まりちゃん、一曲歌お〜て〜！」と、いい感じに酔っぱらってきた山さんに誘われました。しかし私は歌が苦手なのです。そこで、こう返しました。「山さん、私、歌よりダンスが得意なんです。一緒に踊りませんか？」。それでジルバだかチークだかを踊りました。たとえ断っても「これならできます」という何かを持つことが大事なのです。

つくづく思いますが、スナックは社会の縮図です。お客さん同士がけんかになりそうな場面ひとつ見ても、必ず仕掛ける人がいて、なだめる人がいて、うまくまとめる人がいます。こんなに勉強になる場所はありません。新社会人の研修に、「たった一人でスナックに行く」というミッションを提案します。

スナックは、立場を超えたいろいろな人が寄り添いあって集う場所。人間がいとおしくなる場所です。

いずれ、どこかのスナックでお会いしましょう。

M 北酒場
細川たかし

焼き芋になりたい

この一年、モーニングゲートにお付き合いくださったラジオの前にいる皆さまに、スタッフを代表して、心からのありがとうをお伝えします。

この一年、なんてひと口に言ってしまうわけですが、いろいろなことがあったと思います。一緒に笑った日もありました。悲しみに打ちひしがれた日もあったでしょう。ラジオから流れてきた音楽になぜだか涙があふれた、そんなメールもいただきました。

いただいたメールやFAXは、たとえ番組で紹介できなくても全て読んでいます。そして気が付いたのは、モーゲーリスナーは、辛い内容のメールでも、最後は笑いにして締めくくる方が多いということです。

例えば彼氏に振られた女性からのメールのタイトルは「盛大に振られました！」でした。また、クリスマスに好きな男性と食事に行ったときに「今は恋愛する気になれない」と言われた女性も、メールのタイトルは「ひからびました」でした。悲しい内容なのに、読むこちら側はクスリとさせられます。

私が皆さんにラジオを通じて届けたいと思っていることがあるとしたら、どんなに切なく苦しいことがあっても、笑い飛ばしていこうよというメッセージです。悲しみの渦に巻き込まれず、起こった事実と自分自身を俯瞰して見ること。簡単なことではありませんが、そうしてみると、少しだけ心が楽になります。そして私は思うのです。

焼き芋になりたい。

見た目は決していいとは言えません。ぼってりしているし、皮はしわしわだし、変な毛も生えています。触ると熱くてやけどしそうになります。でも、二つに割った時に立ち上がる湯気に、笑顔にならない人はいないでしょう。

ひと口食べると喉に詰まりそうになって飲み込みにくい。でも、ほんのり甘くてお腹を満たしてくれる。そんな私という焼き芋は、最後はあなたのおならになるのです。残り香を漂わせ、風に乗って去ってゆく。私はあなたの焼き芋になりたいです。

来年もまたいろいろなことがあるでしょう。悪いことばかりではない代わりに、良いことばかりでもないでしょう。ただ、ひとつだけ約束してください。

生きていきましょう。大丈夫、大丈夫と唱えて、だましだましでも生きましょう。それだけです。

今年もお付き合いいただき、ありがとうございました。

M 今日を生きよう
サニーデイ・サービス

私がこうなった88のひとつの話

おばあちゃん子だった子どもの頃。保育園の送り迎えは祖母の役目でした。帰り道では、その日に保育園であったこと、友達のこと、先生のこと、おやつに食べたものの話など、家にたどり着くまで喋り通しで、口を挟むことができなかったといいます。

小学校時代も、祖母を相手に学校のことを何でも話しましたし、その頃になると、作り話もするようになりました。例えば「怪しいお婆さんを見つけて町外れまで後をつけると、今にも崩れそうなあばら屋に入っていった。割れた窓ガラスの隙間からそーっとのぞくと、そのお婆さんが包丁を研いでいた！あれは人食い鬼婆だ！」とか、その程度の稚拙な作り話です。

実際は、学校の帰り道にお婆さんを見掛けただけで、そのまま家に帰ったのですが、図書館で借りて夢中になっていた江戸川乱歩の怪人二十面相の影響でしょう、とうとう自分でも現実と虚構が分からなくなるほど、あることないことをごちゃまぜにして話していました。

私の話が作り話だということは、祖母も分かっていたと思います。でも嘘をとがめるでなく、それはばかりか、とても興味深そうに、「それで？　へぇ～！」と、うまく相づちを打って聞いてくれました。

晩年、祖母は「麻理は、昔は何でも話してくれたのに、今はなーんにも話してくれねくなった。おばあちゃんの耳が遠くなったかららろっか」と母にこぼしていたそうです。

亡くなる少し前、入院した病院の最上階を、車いすを押して2人で散歩したことがあります。よく晴れた秋の午後で、大きな窓からは暖かな光が差し込んでいました。外の景色を眺めながら、あれも話そうこれも話そうと思うのですが、言葉よりも涙があふれてきて止まらなくなりました。祖母は後ろを振り返ることもなく「いい天気らねぇ」と眩しそうに空を見上げ、「あれは何の建物らろねぇ」と遠くを指さしたりしていました。やっと言えたのが「あのさ、おばあちゃん、いろいろありがとう」というひと言。聞こえていたのか、聞こえなかったのか、祖母は窓の外に目を向けたまま、何も言わずにただニコニコと微笑んでいました。

おねしょをすると裸で押し入れに閉じ込められたり、悪さをすると「いかんまぁ〜」とゲンコツを握ってどこまでも追い掛けられたりと恐い祖母でしたが、今思うと、祖母のおかげで、物語の世界の魅力をより深く知ることができ、また、自分のお喋りで人が喜んでくれることの楽しさに気付いたのだと思います。

祖母が亡くなった今、たわいもない話に耳を傾けてくださる多くの方たちがいて、こうして本にまでできたことが夢のようです。

「おばあちゃん、まりの本が出たよ」とお仏壇に報告し、「売れますように」とお願いしようと思います。

この本に関わってくださった全ての皆様と
この本を手に取ってくださったあなたへ
心からの感謝をこめて　遠藤コラムでした。

あとがきに代えて

著者である遠藤麻理さんにお会いしたのは、今から十数年前、私がFM PORTの編成に来た時に遡ります。第一印象は、「まんまるーい顔！」の若い女性でした。ラジオ業界での手解《てほど》きをそれほど受けていない、そんな雰囲気を持っていました。

「私、ラジオが好きで喋る事が好きなんです。是非喋りたいんです」

まるで漫画に描かれる吹き出しのように、全身から気持ちが立ち上っていて、彼女は局の顔になるべき人物だと直感しました。

その後、リスナーに向き合い、情報を真摯《しんし》に伝えようとする姿に接し、喋り手として素晴らしい素地があると確信した事を今でも鮮明に覚えています。

そして、朝の情報番組【MORNING GATE】のナビゲーターをお願いしました。番組を一人で受け持つ事を喜んでくれたと思います。編成として彼女に望む事は、遠藤麻理ワールドを焦らずゆっくり作り上げ、広くリスナーに伝えていってほしいという一点だけでした。あとは本人の努力次第。

彼女のラジオで喋りたいという素直な気持ちや斬新な感覚、そして当時まだ未完成だったお喋りは功を奏し、あっという間にそのワールドを確立。

局の朝になくてはならない存在に成長し、現在に至ります。少々毒が強すぎるときもあ

ります が…(それがリスナーをエンマリ中毒にさせるのか？)。

【遠藤麻理のMORNING GATE】は、FM PORTの朝の看板番組であり同時に長寿番組ともいえます。

私は放送現場に携わり三十余年を数えます。制作の現場にいた頃は、担当した番組が3カ月足らずで終了宣告を受けたモノもあり、番組を長く続ける事の難しさは身に沁みています。それもただ長くではなく〝手を替え品を替え〟の連続で、日々番組の事を中心に考えていなければならないのは、当然の事ながら容易ではありません。遠藤麻理さんはこのことを心に留め、工夫に工夫を重ね日々番組を発信してくれている喋り手です。だからこそ番組も長く続いているのだと思います。

念願だった出版を果たし、このあとはどこまで行き何をする気なのでしょう？　摩訶不思議なエンマリ変奏曲はいったいどこまで奏で続けられるのでしょう？

今後、放送界を取り巻く環境がどのような変貌を遂げるのか？　近い将来人工知能＝AIが、FM PORTの朝を牛耳っているかもしれません。しかし、遠藤麻理というナビゲーターは、どんな変化にも平然と順応し、今と同様、時折声高に笑い声を上げながらリスナーの心を掴み取り、進化系の遠藤麻理ワールドを展開しているのだろうと想像します。

FM PORT 放送本部長　園田　洋

遠藤麻理（えんどう まり）

６月14日生まれ、新潟市出身。1995年第８代ＪＲ弥彦駅観光駅長に就任。その後テレビ新潟放送網、燕三条エフエム放送を経て、2000年新潟県民エフエム放送（FM PORT）に開局時から携わり、同局の朝の看板番組「MORNING GATE」のナビゲーターを17年間務めた。
2020年８月よりBSNラジオで「四畳半スタジオ」を担当している。

自望自棄《じぼうじき》　わたしがこうなった88の理由《わけ》

2017（平成29）年11月30日　初版第１刷発行
2021（令和３）年１月１日　初版第８刷発行
著　　者　遠藤麻理
発 行 者　渡辺英美子
発 行 所　株式会社 新潟日報事業社
〒950-8546　新潟市中央区万代３－１－１
メディアシップ14階
TEL 025-383-8020　FAX 025-383-8028
http://www.nnj-net.co.jp
印　　刷　株式会社 第一印刷所

定価はカバーに表示してあります。
落丁・乱丁本はお取り替えいたします。
ISBN978-4-86132-671-4